경제시장
흐름을 읽는 눈,
경제기사
똑똑하게 읽기

● 일러두기

1. 영어나 한자 병기는 본문 안에 작은 글씨로 처리했습니다.
2. 인명이나 지명은 국립국어원의 외래어 표기법에 따라 표기했으며,
   규정에 없는 경우는 현지음에 가깝게 표기했습니다.

경제시장
흐름을 읽는 눈,
경제기사
똑똑하게 읽기

■ ECONOMY

강준형 지음

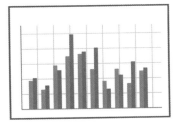

■ BUSINESS

■ TECHNOLOGY

다온북스
DAON BOOKS

제2부 실전 경제기사 읽기

경제기사에 주목하라

 ## 왜 '경제기사'일까

어떤 사실을 밝혀 세상에 알리거나 특정 문제에 대한 여론을 형성하는 활동을 '언론'이라 한다. 날로 복잡해지는 사회에서 언론의 중요성은 두말할 나위 없다. 우리가 자주 쓰는 말 중에 '펜은 칼보다 강하다'는 말이 있다. 이 말은 언론의 힘을 단적으로 보여 주는 예로, 언론의 힘은 무력이나 폭력보다 강하다는 것을 뜻한다.

언론의 중심에는 '기사'가 있다. 기사는 세상에서 일어나는 많은 일을 우리에게 알리는데, 사회·경제부터 시작해 정치·국제·문화·연예·스포츠 등 거의 모든 영역이 기사의 대상이 된다. 또, 보도·해설·인터뷰에 이르기까지 그 형식도 다양하다. 그중에서도 우리의 관심을 끄는 것은 단연 경제기사다.

이 책을 읽는 이유는 사람마다 다르겠지만, 당신은 '경제'에 대해 조금이라도 더 알고 싶어 이 글을 읽는 수고를 기꺼이 감수하겠다는 뜻이다. 이것만으로도 나는 여러분에게 큰 박수를 보낸다. 그만큼 이 분야에 대해 이해하거나 경제기사를 읽기가 쉽지 않기 때문이다.

경제기사 '읽는 법'을 강조하는 이유는 무엇일까? 답은 생각보다 간단하며, 솔직하다. 경제기사를 읽는 것이 나에게 도움이 되기 때문이다.

🗞 나에게 도움 되는 기사

연말이면 직장인들이 주목하는 경제기사가 있다. 바로 '연말정산'에 관한 기사이다. 연말정산을 해야 하는 사람들은 기사를 읽어 보면서 의료비, 월세, 자녀 학원비, 기부금 등 해당 소득공제 항목을 챙기며, 연말정산을 받을 수 있는 항목이나 제외되는 항목은 무엇인지도 눈여겨본다. 매해 연말정산을 해야 내가 납부할 세금을 정당하게 줄일 수 있기 때문이다.

정부는 2018년 11월부터 10개월간 유류세를 인하한 적이 있다. 운송업에 종사하는 사람이라면 아마 관련 기사를 꼼꼼하게 챙겨 읽었을 것이다. 왜냐하면, 운송업을 하는 사람들은 유류비로 나가는 돈이 꽤 크기 때문이다. 그래서 이들에게는 유류세 인하 혜택을 받을 수 있는 기간과 비용 절감액이 관심거리가 될 수밖에 없고, 이것은 생존과도 직결된 것이니 자기와 관계있는 세금 항목은 더 챙겼을 것이다.

이제 한 걸음 더 나아가 한국은행의 기준금리 결정을 생각해 보자. 사실 기준금리는 연말정산이나 유류세 인하만큼 현실적으로 가깝게 느껴지는 것은 아니다. 하지만 기준금리가 경제전반의 활력에 미치는 영향을 고려할 때, 알아두면 분명 도움이 되는 주제이다.

경제기사를 읽어야 하는 이유로 너무 거창한 것을 떠올리지 말자. 우리는 경제 전문가가 되려고 경제기사를 읽는 것이 아니다. 그러니까 연말정산이나 유류세처럼 당장 나에게 도움이 되거나 현실적으로 알아 두어야 하는 것부터 시작하자. 그러면 경제기사를 읽는 부담이 한결 덜할 것이다.

📖 경제기사도 결국엔 '기사'

디지털 환경이 일상화되면서 기사는 신문을 넘어 포털, SNS, 유튜브로 영역을 넓혀 나가고 있다. 그래서 이제 독자는 자신이 원하는 기사만 골라 보고, 실시간으로 댓글을 남기며 공유할 수 있게 되었다. 내가 원하는 기사만 보면 뭔가 편리한 것 같지만, 한편으로는 문제점도 무시할 수 없다.

특히 기사 속에서 '사실'과 '거짓'을 구분하는 것은 몹시 어려운 일이다. 우리가 잘 아는 '미국 문학의 아버지'라 불리던 소설가 마크 트웨인^{Mark Twain}은 다음과 같은 말을 남겼다.

"만약 당신이 기사(신문)를 읽지 않는다면, 아무런 정보를 얻지 못할 것이다."

그의 말은 기사의 중요성을 강조하는 말처럼 들린다. 하지만 사회 비판에 냉철한 풍자도 서슴지 않던 그가 기사에 마냥 호의적이기만 했을까.

그는 역시나 짧고도 강한 풍자를 덧붙였다.

"그러나 만약 기사(신문)를 읽는다면, 당신은 잘못된 정보를 얻게 될 것이다."

📖 기사의 중요성과 올바르게 읽는 법

사람들은 기사를 통해 정보를 얻는다. 과거나 지금이나 이 모습에는 차이가 없다. 그런 의미에서 기사의 위력은 절대적이다. 반면 기사 속에서 사실과 거짓을 구분하는 일은 온전히 독자의 몫이다. 그렇지 않으면 기사가 의도하는 대로 생각하고 판단하게 된다.

이제 경제기사가 왜 중요한지 그리고 경제기사를 어떻게 읽어야 하는지 이해했으리라 믿는다. 경제기사 읽기에서 가장 중요한 것은 팩트를 가려내는 일이다. 그런 후 해당 기사가 얼마나 타당한지를 따져 봐야 한다. 이 과정을 충실히 해낸다면, 앞으로 당신에게 경제기사는 단순한 기사가 아니라 도움이 되는 정보로 다가올 것이다.

📰 이 책의 구성

이 책은 경제에 대해 잘 모르는 사람이나 경제기사를 처음 접하는 독자를 대상으로 했다. 그래서 꼭 필요한 경우를 제외하고는 숫자와 그래프를 최소화하고, 경제 분야별 이슈를 고루 소개하는 데 초점을 맞췄다.

제1부에서는 기사 읽는 법을 소개했다. 기사란 무엇인지, 어떻게 작성하는지 살펴두길 바란다. 또 경제기사를 소개할 때 자주 나오는 그래프와 지표와 경제기사를 읽기 전에 알아두면 유용한 내용을 제시했다. 성실하게 읽은 독자라면 아마 제1부를 다 읽을 때쯤에는 경제상식에 대해 어느 정도 자신감이 붙을 것이다.

제2부에서는 국내 이슈와 국제 이슈를 포함한 경제 전반을 다루었다. 자신 있게 말하건대, 이 부분이 다른 책과 차별화를 둔 부분이다. 냉정하게 말해 이제 막 경제기사를 읽기 시작한 사람에게 미국 채권시장이나 금융상품 특징 등을 설명해 봤자 이해하기 어렵다. 오히려 정부(재정)와 은행(통화)이 하는 일과 개별지표 움직임이 경제 전반에 어떤 영향을 미치는지부터 이

해하는 것이 좋다.

금융, 물가, 부동산, 실업, 환율 5가지만 정확히 알아두면 대부분의 경제기사는 어렵지 않게 읽을 수 있어 5가지를 집중적으로 설명했다. 또 한국 경제와 세계 경제에 관한 이슈를 다루었다. 이때 한국 경제의 현주소를 냉정히 짚어봄과 동시에 미·중 무역분쟁과 브렉시트 등 최근 세계 경제 움직임을 살펴보는 시간이 될 것이다.

관점을 길러주다

이 책을 다 읽고 나면, 적어도 경제기사란 무엇이고 어떻게 읽어야 하는지와 같은 물음에 쉽게 답할 수 있을 것이다. 그러니 당장 써먹을 수 있는 경제지식을 갖춘다기보다, 경제기사에 대한 관점을 기른다는 생각으로 읽어나가길 바란다.

끝으로 이 책이 나오기까지 힘써 준 다온북스 출판사에 감사의 말을 전하며, 여러분의 경제 입문에 작은 디딤돌이 되길 바란다.

ECONOMY

BUSINESS

TECHNOLOGY

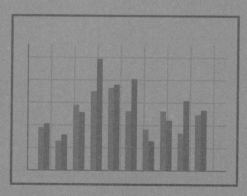

제1부

경제기사 이해하기

제1장

경제기사 읽는 법

· 01 ·

경제기사로
경제공부하기

📖 핵심이 되는 제목

'경알못'이라는 말이 있다. 이 말은 '경제를 알지 못하는 사람'
을 뜻한다. 실제로 경제기사를 읽을 때 자주 하는 걱정 중 하나
가 '경제에 대해 잘 몰라도 경제기사를 이해할 수 있을까?' 하
는 점이다. 그 이유는, 경제에 대해 어느 정도 공부한 후에야 경
제기사를 읽고 이해할 수 있을 것이라고 생각하기 때문이다.
하지만 꼭 그렇지만도 않다. 오히려 경제기사로 경제를 공부할
수도 있다.

최근 최저임금 인상과 함께 법정근로시간이 단축되면서 자

기 월급에 대해 궁금해하는 사람이 많을 텐데, 아래 기사를 읽어보자.

주 40시간 노동자, 주휴수당 포함 월 최저임금 174만 원

○○일보, 2018.12.31

개정 최저임금법과 시행령이 우여곡절 끝에 새해 첫날부터 시행된다. 시간당 최저임금을 환산(월 급여/월 근로시간)해 위반 여부를 판단할 때 분자인 급여에 법정주휴수당과 매월 지급하는 상여금 등을 포함하고, 분모인 근로시간에 법정주휴시간을 넣는 것이 골자다. 올해 최저임금이 8,350원(시급)으로 전년도(7,530원)보다 10.9% 오른 데다 최저임금 산정방식을 구체적으로 명시하면서 당분간 현장에서 혼란이 예상된다.

…(중략)… 고용노동부는 많은 논란이 있었지만, 시행령 개정까지 완료했기 때문에 변화된 제도가 현장에 안착하는 데 집중하겠다는 의지를 보였다. 하지만 소상공인연합회가 이날 즉시 헌법재판소에 위헌심판을 제청하는 등 재계의 반발은 수그러들지 않고 있다. …(하략)…

이 기사의 핵심은 제목에 있다. '주 40시간(8시간×5일)', '주휴수당 포함(급여에 주휴수당 포함 시 상대적으로 고용주 부담이 줄어듦)' 이렇게 산정했을 때 '월 기준 최저임금이 174만 원'이라는 뜻이다. 다만, 최저임금의 가파른 인상과 현장에서의 혼란을 인식해서인지, 여기서는 문답식으로 설명을 덧붙이고 있다.

아래는 전체 기사 중 일부분이다.

Q. 최저임금 계산에 포함된 '법정주휴수당'은 새로 시행하는 것인가.

A. "아니다. 근로기준법상 1주일 동안 규정된 근무 일수를 채우면 하루를 쉬더라도 하루 치 급여(주휴수당)를 받을 수 있다. 최저임금제도를 도입한 1988년부터 행정 지침상 최저임금 산정 시 주휴수당을 급여(분자)에 포함토록 했다. 다만 이를 명문화하고 주휴시간도 근로시간(분모)에 명시한 점이 올해부터 달라진 점이다. 주 40시간 근무하는 노동자는 1개월(4.35주 기준) 근로시간이 기본 174시간에 주휴시간(주당 8시간씩 4주)을 더해 총 209시간이고, 이에 따라 월 환산 최저임금은 약 174만 원이 된다."

Q. 최저임금 산정에서 제외된 약정휴일은 무엇인가.

A. "사업장에서 노사협의로 부여된 휴일이다. 대개 주5일 근무인 기업은 일요일을 법정휴일로 보고 토요일은 약정휴일로 간주해 4~8시간에 대한 수당(약정휴일수당)을 지급한다. 최저임금 환산 시에는 약정휴일수당과 시간은 모두 제외된다."

Q. 분기별로 받는 상여금도 최저임금 계산할 때 급여(분자)에 들어

가나.

　A. "아니다. 매월 지급되는 상여금, 복리후생비만 포함된다. 올해 상여금은 최저임금 월 환산액의 25%, 복리후생비는 7%를 초과하는 부분이 급여(분자)에 포함되고, 반영 비율은 매년 높아진다." …(하략)…

　제목에 모든 것이 들어 있다고 해도 될 만큼 기사에서 제목이 갖는 비중은 상당하다. 사람들이 제목 중심으로 기사를 읽는 것도 이런 이유에서이다. 특히 위의 기사는 더더욱 그렇다. 다만, 본문을 읽어 보면 미처 제목이 담지 못한 내용까지 알 수 있다. 법정주휴수당의 명문화라든지, 약정휴일의 개념, 상여금이나 복리후생비의 반영 비율 등이 대표적이다.

　이런 유형의 기사는 따로 경제공부할 필요가 없다. 실제 현장에서 임금을 계산할 때는 조금 복잡할 수 있어도 기사를 읽는 것만으로도 충분히 이해할 수 있기 때문이다. 이것이 바로 꾸준히 경제기사 읽는 습관을 들여야 하는 이유이다.

📰 공부가 필요한 기사

경제에 대해 잘 모르거나 배경지식이 없으면 이해하기 어려운 기사도 있다. 특히 증시를 보도하는 기사일수록 업계 종사자나 전공자, 관련 투자자가 아니면 이해는커녕 기사를 읽어나가는 것 자체가 힘들 정도이다.

우리가 쉽게 이해하기 어려운 기사를 하나 소개한다. 이 기사는 앞에서 살펴본 문답식 기사와는 달리, 꽤 전문적이라는 느낌을 준다.

코스피 시총 상위株 '급변' …

LG화학·포스코·현대모비스 ↑ · SK텔레콤 ↓

○○○, 2019.03.03

…(전략)… 3일 한국거래소에 따르면 지난달 28일 종가 기준 유가 증권시장 시총 10위(우선주 제외)에 삼성전자와 SK하이닉스, LG화학, 현대차, 셀트리온, 삼성바이오로직스, 포스코, 한국전력, 네이버, 삼성물산이 이름을 올렸다. …(하략)…

위의 기사에서 우리 눈에 가장 먼저 들어오는 건 '코스피 KOSPI, Korea Composite Stock Price Index'이다. 코스피란 증권시장에 상장된 상장 기업의 주식 변동을 기준시점과 비교시점을 비교해 작성한 지표로, '종합주가지수'와 같은 말이기도 하다.

코스피는 상장사들의 주식 총합을 지수화하다 보니 종목이 많다. 그래서 우량기업 중심으로 지수를 구성한 것이 코스피 200이다. 코스피 100, 코스피 50도 같은 방식이다. 이중 코스피 200이 대표적 지수로 평가받으며, 펀드 운용 시 성과(수익률)를 비교하는 BM**Bench Mark** 지수로도 쓰인다.

증시는 그 자체로 경기 전망을 나타내는 지표 역할을 수행한다. 경기가 좋을 것이라고 판단하면 증시도 상승하고, 경기가 나빠질 것이라고 판단하면 하락한다. 대표적으로 1997년 외환위기와 2008년 세계금융위기 사태를 들 수 있다. 특히 세계금융위기 당시에는 2,000선을 바라보던 코스피가 1,000선까지 빠져 경제에 큰 충격을 주었다. 또 원·달러 환율이 상승하면서 불안정성이 확대됐으며, 유가는 고공 행진을 이어갔다. 실물 시장에도 영향을 미쳐 2010년 1월 실업률은 5% 수준까지 치솟아 외환위기 이후 10년 만에 찾아온 경제위기에 '금융위기 10년설'이라는 흉흉한 소문이 나돌기도 했다.

자주 쓰는 경제 용어

| 그래프 1 |

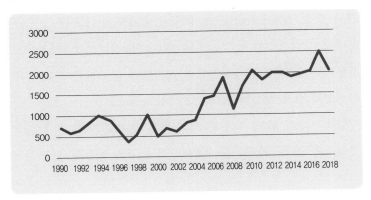

▲ 코스피 추이

출처: e-나라지표(http://www.index.go.kr/potal/main/EachDtlPageDetail.do?idx_cd=1080)

아마 이 책을 읽는 독자라면 '오늘 코스피지수는 얼마'라고 하는 말을 들어본 적 있을 것이다. 코스피**KOSPI**의 'I'는 Index(지수)를 나타낸다. '코스피지수'라고 부르는 것은 '코스피지수지수'라고 하는 셈이니, 그냥 '코스피'라고 하면 된다.

　코스피와 함께 소개되는 개념으로 코스닥**KOSDAQ**이 있다. 코스닥은 컴퓨터와 통신망을 이용해 장외거래주식을 매매하고, 증권거래소 시장과는 달리 별도의 성장 가능성이 높은 벤처 기업이나 중소기업이 중심이 되는 주식시장을 말한다. 이것은 1996년에 중소·벤처기업의 자금 조달을 목적으로 개설했다.

그 외 자주 쓰는 말로 시총이 있다. '시총'은 시가총액을 줄인 말로, 증권거래소에서 상장된 증권 모두를 그날의 마지막에 이루어진 가격으로 평가한 금액이다. 시총은 상장종목의 상장 주식 수에 각각의 종가를 곱한 후 이를 합계해서 산출한다. 또 우리나라 주식시장의 규모를 나타내는 척도이자 경제지표로도 활용된다. 그래서 경제성장률과 시가총액 증감률을 비교해 주식시장과 경제 전반의 움직임을 파악할 수 있다.

한국거래소, 종가, 우선주 제외 같은 용어도 자주 쓴다. 한국거래소는 증권, 파생상품 등의 거래와 관리 업무를 담당하는

| 표 1 |

종목명	현재가	전일 대비	등락률	시가총액	거래량
삼성전자	43,900	▲ 100	+0.23%	262조735억	2,526,249주
SK하이닉스	67,200	▲ 500	+0.75%	48조9,218억	1,300,964주
현대차	120,000	0	0.00%	25조6,402억	79,850주
셀트리온	203,000	▼ 3,000	−1.46%	25조4,687억	122,507주
LG화학	360,500	▼ 4,000	−1.10%	25조4,485	69,934주
삼성바이오로직스	367,000	▼ 6,500	−1.74%	24조2,826억	27,382주
한국전력	34,750	▲ 100	+0.29%	22조3,083	158,558주
NAVER	132,500	▼ 500	−0.38%	21조8,378억	36,848주
POSCO	247,000	▼ 2,500	−1.00%	21조5,351	63,900주
삼성물산	108,000	▼ 1,500	−1.37%	20조4,865억	40,019주

▲ 코스피 상위종목(네이버 금융 2019.03.11 기준, 우선주 제외)

(출처: https://finance.naver.com/sise/sise_market_sum.nhn)

기관이다. 종가는 증권시장에서 그날 마지막에 이루어진 가격을 말하며, 우선주는 주식의 종류 중 하나로, 보통주와 대비되는 개념이다.

표 1은 시가총액 기준 코스피 상위종목을 나타낸 표이다. 이 표에서 현재가 → 전일 대비 → 등락률 → 시가총액 → 거래량 순으로 읽어 보면 좋겠다.

1위는 단연 삼성전자로, 시가총액을 보면 압도적이다.

📰 공부가 필요한 용어

어떤가. 짧막한 기사 하나를 읽는데도 이 정도의 용어와 이해력이 필요하다. 증시에 관한 기사이다 보니 생소한 용어를 많이 쓰지만, 코스피나 코스닥, 시가, 한국거래소, 종가, 우선주 같은 용어는 증시 해석할 때 꼭 필요한 용어이다. 그래서 경제기사를 잘 읽고 싶다면 미리 자주 나오는 용어는 공부해둘 필요가 있다.

이처럼 경제기사를 읽는 것만으로 충분한 분야가 있고, 경제공부가 필요한 분야도 있다. 그럼 경제기사 읽기가 먼저일까 경제공부가 먼저일까?

이 질문에 대한 정답은 없다. 하지만 선택은 간단하다. 경제기사부터 읽자. 잘 모르는 단어나 이해가 되지 않는 부분들은 나중에 경제공부로 채우면 된다.

가짜 뉴스와
팩트체크

🗞️ 새로운 플랫폼의 탄생

인터넷이 발전하면서 기사 읽는 방법이 많이 달라졌다. 예전에는 커다란 종이 신문을 넘기거나 접어서 읽었지만, 지금은 스마트폰만 있으면 언제 어디서든 편하게 기사를 읽을 수 있다.

인터넷의 발전은 '인터넷 기사'라는 새로운 플랫폼을 탄생시켰다. 그래서 큰 비용을 들이지 않아도 기사를 쓸 수 있고, 누군가가 제공하는 정보를 이용하는 것에 익숙했던 사람에서 직접 정보를 생산하는 사람으로 바뀌었다.

더 빨리, 더 많은 정보를 접할 수 있다는 것은 좋은 일이다.

하지만 그 과정에서 충분히 검증되지 않은 기사가 생성되거나 유통되는 문제가 발생할 수 있다. 그 예로 '가짜 뉴스'를 들 수 있다.

📰 가짜 뉴스의 영향력

독일 나치 정권의 선전·선동의 달인이었던 파울 요제프 괴벨스 **Paul Joseph Goebbels**는 "선동은 문장 한 줄로도 가능하지만, 그것을 반박하려면 수십 장의 문서와 증거가 필요하다. 그리고 그것을 반박하려고 할 때면 사람들은 이미 선동당해 있다"라고 말했다.

괴벨스의 말처럼 사람들은 증거가 없는 거짓이나 소문을 아주 쉽게 만들어 내고 또 그것을 아주 쉽게 믿는다. 그러나 그것을 반박하는 과정은 결코 쉽지 않고 사람들은 믿고 싶은 것만 믿기 때문에 가짜 뉴스를 만들기 쉽다.

SNS가 일상화된 요즘은 정보를 쉽고 빠르게 전달하거나 공유할 수 있어 가짜 뉴스의 파급력이 매우 크다. 특히 연령이나 성별과 상관없이 SNS를 자주 쓰는 사람일수록 가짜 뉴스를 접하기 쉽다. 사실에 기반하지 않은 기사들이 무분별하게 퍼지면서 사람들은 확증편향**確證偏向, 자기의 가치관이나 신념 등에 부합하는 정보를 제외한 다른 것은 무시하는 사고방식**에 빠져들었다. 그래서 대화와 토론이 아닌, 비난과 야유가 나돌기 시작했다.

한편 가짜 뉴스를 바로잡아 달라는 목소리도 한층 높아지고 있는데, 여기서 나온 용어가 '팩트체크'이다. 이 말은 '사실 확인'이나 '사실 검증' 정도로 대체할 수 있지만, 이미 '팩트'라는 표현에 익숙해져서인지 몰라도 대다수 언론을 포함한 정부 기관에서조차 외국어 표현 그대로 쓰고 있다. 그래서 이 책에서도 우리에게 익숙한 '팩트체크'라고 하겠다.

📑 팩트체크를 할 수 있는 곳

인터넷에서 'SNU 팩트체크'를 검색하면 서울대학교 언론정보연구소(http://factcheck.snu.ac.kr/)로 연결된다. 이 사이트는 언론사들이 검증한 공적 관심사를 국민에게 알리기 위해 서울대학교 언론정보연구소가 운영하는 정보 서비스이자 언론사와 대학이 협업하는 비정치적·비영리적 공공 정보 서비스 모델이다. 또 이곳에서는 웹 플랫폼을 마련하고, 팩트체크에 참여하는 언론사들은 이 플랫폼에 사실이 검증된 질 높은 콘텐츠를 제공한다.

다음 설명을 보면 팩트체크 과정을 알 수 있다.

① 팩트체크가 필요한 내용이나 팩트체크를 해야 하는 기사를 올리면, 하나의 배지^{badge}가 생성된다.

다른 언론사들도 해당 배지에 검증 내용과 판정 결과를 추가할 수 있다.

② 하나의 팩트에 두 개 이상의 언론사가 검증에 참여한 후 판정 결과에 3단계 이상 (예: 사실 vs 대체로 사실 아님) 차이가 발생하면 '논쟁 중'으로 표시된다.

(출처: http://factcheck.snu.ac.kr/home/snufactcheck)

📰 팩트체크 사례

다음 기사는 가계소득감소에 대한 통계청 발표 내용을 지적하고 있다.

[팩트체크] 1인 가구 제외한 가계동향조사 '소득감소' 왜곡?

○○뉴스, 2019.02.28

통계청이 최근 발표한 가계동향조사에서 1인 가구를 제외함으로써 소득 하위 20%인 1분위 가구의 소득감소가 축소·왜곡됐다는 주장이 제기됐다.

바른미래당은 28일 논평을 통해 "가계동향조사에 1인 가구를 포함하면 지난 4분기 1분위 가구 소득이 21.3%나 급감한다"면서 "통계청 발표는 분배 참사를 축소한 통계 왜곡이나 다름없다"고 지적했다.

위 기사는 통계청에서 발표한 자료를 토대로 쓴 것이다. 통계청은 중앙행정기관 중 하나이자 기획재정부 소속으로, 통계기준설정과 인구조사 및 각종 통계에 관한 사무를 한다. 이곳은 신뢰도와 정확성을 생명으로 하기 때문에 위의 기사처럼 통계청이 소득감소를 축소·왜곡했다면 심각한 사안이 된다.

그보다 더 문제가 된 것은 '가계동향조사' 결과이다. 이 조사는 가구에 대한 가계수지 실태를 파악해 국민의 소득·소비 변화의 측정 및 분석 등에 필요한 자료를 제공한다. 통계청은 분기별 조사 결과를 발표하는데, 소득이 가장 낮은 구간이 1분위(전체 가구 중 하위 20%) 소득이고 가장 높은 구간이 5분위다. 그러므로 분위별 결과는 소득분배 격차의 사례로 자주 기사화된다.

기사 내용을 요약해 보면, '바른미래당은 소득이 낮은 1분위의 소득감소가 실제로는 더 큰데 통계청이 분배 참사를 축소했다'라고 할 수 있다.

기사에서 팩트는 '통계청이 왜곡한 것은 아니다'와 '바른미래

당의 지적도 맞다'는 점이다. 모두 팩트라니, 어떻게 이런 결과
가 나왔을까. 그 비밀은 '1인 가구 포함' 여부에 있다.

먼저 바른미래당의 입장을 살펴보자.

○○뉴스가 통계청으로부터 1인 가구를 포함한 가계소득 자료를
확보해 기존 발표 자료와 비교한 결과 바른미래당의 지적은 일리가
있다.

지난 21일 통계청이 공개한 가계동향조사에서는 작년 4분기 1분
위 소득이 전년 같은 분기보다 17.7% 줄어든 것으로 집계됐으나, 1
인 가구 포함 시 감소율이 21.3%로 더 커졌다. 1분위 가구 근로소
득과 사업소득도 기존 공표 자료 감소율 36.8%와 8.6%에서 각각
38.0%, 53.7%로 낙폭이 확대됐다.

📖 통계청의 입장

통계청의 가계동향조사는 1963년부터 시작됐다. 1951년부터 한
국은행이 실시하던 조사가 통계청으로 이관된 게 이 시점이다. 통계
청은 이때부터 2인 이상 도시 근로자 가구를 대상으로 조사를 시작

했고, 2003년 전국 2인 이상 가구로 그 대상으로 확대해 지금까지 이어지고 있다.

당시만 해도 우리 사회에서 1인 가구가 차지하는 비중이 크지 않았기 때문에 조사 대상 기준이 2인 이상 가구로 정해졌다. 1인 가구는 1995년만 해도 전체 가구의 12.7%에 불과했다. 이 비중은 점차 늘어 2005년 20.0%에 이어 2017년 28.6%를 기록했다. 거의 세 집 건너 한 집이 1인 가구인 셈이다.

통계청도 이에 따라 2006년부터는 1인 가구의 가계소득을 함께 조사하지만, 과거 자료와의 연속성을 고려해 2인 가구부터만 조사 자료를 공개한다. …(하략)…

기사를 정리하자면, 통계청이 고의로 통계를 조작했다기보다 오히려 조사 대상의 기준에 따라 정직하게(?) 발표한 셈이다. 다만 그 기준이 시대 변화를 따르지 못했을 뿐이다.

기사 제목에
낚인 당신

📰 논란이 된 최저임금 인상

2017년 5월, 대통령 탄핵과 조기 대선 국면 속에 문재인 정부가 출범했다. 개혁에 대한 국민들의 갈망이 어느 때보다 컸던 만큼 정부도 기존과 다른 새로운 정책 노선을 제시했다. 새 정부는 경제정책으로 소득주도성장賃金主導成長, 가계의 임금과 소득을 늘리면 소비도 늘어나 경제성장이 이루어진다는 이론을 채택했다. 과거 정부와는 다른 길을 걷겠다는 뜻이었다. 때마침 내년도 최저임금 결정 시기가 맞물리면서, 최저임금 인상액에 사람들의 관심이 모아졌다.

최저임금 인상은 문재인 정부 임기 1~2년간 매번 지적되었다. 대선 공약이기도 했던 최저임금 1만 원은 2017년(6,470원)을 기준으로 할 때 연평균 10% 수준이다. 역대 최저임금 인상률에 비춰보더라도 5년간 10%씩 꾸준히 인상한다는 것은 찬반을 떠나 논란의 여지가 되기에 충분했다.

| 그래프 2 |

▲ 연도별 최저임금 및 인상률 추이

출처: 고용노동부(https://m.blog.naver.com/molab_suda/221583725506)

최저임금 인상은 대선 당시 주요 정당 후보들이 공통으로 제시한 공약인 만큼 큰 이슈였다. 문재인 정부는 공약을 추진하는 모습을 보였다. 그 결과 최저임금은 2018년 7,530원, 2019년 8,350원으로 전년 대비 16.4%, 10.9% 상승했다.

한편, 최저임금 인상의 부작용을 우려하는 목소리가 나오자

여론은 둘로 나뉘었다. '최저임금을 올리면 양극화 개선과 내수 확대를 가져올 수 있다'는 찬성 의견과 '급격한 인상은 고용 감소와 함께 경제에 악영향을 미칠 것'이라는 반대 의견이 팽팽히 맞섰다.

📖 결론은 두 가지

2018년 6월, 한국개발연구원KDI은 〈최저임금 인상이 고용에 미치는 영향〉이라는 제목의 보고서를 발표했다. 보고서를 발표한 시기는 문재인 정부 1년을 지나면서 소득주도성장이 뜨거운 주제로 부상하던 때로, 당시 민간 연구소가 아닌 국책연구기관이 발표한 보고서라는 점에서 최저임금 찬반론자의 관심을 끌었다.

> 최저임금은 저임금 일자리의 질을 개선하고 임금 격차를 축소하는 효과를 가진다. 금년도의 대폭 인상에도 불구하고 최저임금 인상의 고용 감소 효과는 크지 않다. 그러나 내년과 내후년에도 대폭 인상이 반복되면 최저임금은 임금 중간값 대비 비율이 그 어느 선진국보다 높은 수준이 되어 고용 감소폭이 커지고, 임금 질서가 교란되어 득보다 실이 클 수 있으므로 인상 속도를 조절하는 방안도 고려할 필요가 있다. …

(하략) …

(KDI FOCUS, 최저임금 인상이 고용에 미치는 영향, 2018.06.04(통권 제90호))

이 보고서의 결론은 두 가지로 나눌 수 있다. 첫 번째, 2018년 1분기 고용이 저조했던 것은 사실이지만, 최저임금 인상으로 인한 영향은 미미한 편이어서 내년과 후년에도 지금과 같은 폭으로 최저임금을 인상하게 되면 고용 감소 확대로 이어질 것이라는 점이다.

두 번째, 보고서에서는 최저임금 인상에 따른 고용 감소 효과 추정치를 밝히고 있는데, 여기에서 중요한 전제가 있다. 바로 일자리안정자금 효과를 감안하지 않았고, 고용 감소가 2019년 9.6만 명, 2020년 14.4만 명으로 추정된다는 뜻이다. 여기에서 전제를 빼고 수치만 보면 어떨까. 아마 이 책을 읽는 독자들이라면 수치 유무에서 느껴지는 것이 다르게 생각될 것이다.

📰 최저임금 인상하면 실직자가 생긴다?

- "최저임금 15% 인상 시 2020년 고용 14.4만 명↓ "…

  최저임금 속도 조절 힘 실은 KDI   － ○○○○뉴스, 2018.06.04

- KDI "최저임금 인상으로 올 최대 8만 명 실직" 경고

  — ○○일보, 2018.06.05
- KDI "최저임금 계속 인상에 고용 크게 줄 것" 속도 조절론 제기

  — ○○신문, 2018.06.04
- KDI "최저임금 인상, 고용 무관…내년 속도 조절 필요"

  — ○○뉴스, 2018.06.04

최저임금 인상은 논란이 큰 주제인 만큼 위 보고서가 발표되자마자 언론에 관련 기사가 쏟아졌다. 당시 기사 제목을 보면 '14.4만 명'이나 '8만 명'과 같은 숫자에 눈이 간다. 또 제목만 보면 '최저임금 때문에 수만 명이 실직하게 생겼네'라고 생각할 수 있다. 물론 기사 전문全文을 읽으면 일자리안정자금 효과를 감안하지 않았을 때의 추정치라는 것을 알 수 있지만, 경제 기사를 꼼꼼하게 읽는 사람은 그리 많지 않다.

이 기사에서 우리가 반드시 짚어봐야 할 점은 속도 조절에 있다. 그럼에도 제목만 놓고 보면 마치 '(최저임금 인상 자체가 급격한 고용 감소를 가져오기 때문에) 최저임금을 인상해서는 안 된다'는 식으로 해석할 수 있다. 즉 '기-승-전-최저임금(최저임금 인상이 모든 경제위기의 원인임을 꼬집는 표현)'이다.

만약 정부가 일자리안정자금을 계속 지원하기로 결정했다면 고용 감소는 추정치보다 줄어들 것이다. 어디 그뿐인가. 최저임

금을 인상하면 저소득층의 소비 확대로 내수가 양호해질 수 있다는 장점도 있다. 물론 체감 경기도 고려해야 하지만, 최저임금 인상 정책을 고용 감소로 연결해 무작정 반대하는 것은 적절치 않다. 오히려 최저임금 인상과 함께 그 부작용을 최소화할 수 있는 해법이 무엇인지를 찾는 것이 중요하다.

📰 최저임금 긍정 효과

2018년 5월, 국가재정전략회의를 주재한 문재인 대통령은 "최저임금 인상의 긍정적인 효과가 90%"라고 말했다. 또 "최저임금 인상을 소득주도성장의 실패로 연결하는 것은 성급한 진단이며, 미흡한 부분은 보완해 나가야 한다"고 밝혔다. 대통령의 발언은 바로 언론에 공개되었고, 대다수 기사 제목을 '긍정 효과 90%'로 뽑았다.

- 현장선 최저임금 아우성인데…文 "긍정 효과 90%, 부작용 땐 보완"
  　　　　　　　　　　　　　　　　　　　　　- ○○경제, 2018.05.31
- 문 대통령 "최저임금 인상 긍정 효과 90%" 속도 조절론 반박
  　　　　　　　　　　　　　　　　　　　　　- ○○○, 2018.05.31
- "최저임금 인상, 긍정 효과 90%" 문재인 대통령 마이웨이

이를 두고 논란이 이어졌다. 무엇보다 당시 통계는 저소득층의 소득이 줄었다고 발표했는데, (통계청 1분기 가계동향조사에 따르면 소득 하위 20% 가계소득은 1년 전보다 감소했음) 대통령이 긍정적이라고 발언한 근거가 무엇인지를 묻는 요구가 이어졌다.

청와대는 비공개 자료이기 때문에 공개할 수 없다고 했다. 하지만 논란이 그치지 않자, "통계청 발표 내용의 근거가 되는 원자료를 가지고 국책연구기관을 통해 보다 면밀히 분석한 결과"라고 답했다. 그러면서 다음의 자료를 제시했다.

| 그래프 3 |

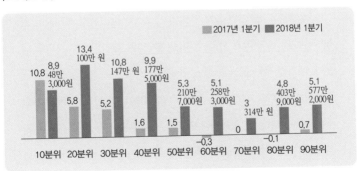

개인 기준 분위별 근로소득 증가율과 월평균 소득
(세대주·배우자·세대원 기준, 전년동기비, %)

출처: 한겨레(http://www.hani.co.kr/arti/PRINT/847510.html)

그래프 3을 보면 청와대의 근거는 '근로소득 증가율'에 있음을 알 수 있다. 세대주와 배우자, 기타 세대원(1명 소득으로 간주)을 추출해 이들의 2018년 1분기 근로소득 증가율을 2017년 1분기와 비교했더니 소득 하위 10%만이 2018년 증가율이 2017년 증가율보다 낮았다. 반면 나머지 분위 90%는 전년보다 증가했기 때문에 그 결과를 '긍정 효과 90%'라고 발표했다는 것이다.

📰 공감하기 어려운 표현

靑 "'최저임금 긍정 효과 90%' 근거는 개인별 근로소득 통계"

○○신문, 2018.06.03

…(중략)… 다만 상위 소득 계층의 근로소득 증가까지 최저임금 인상의 긍정적 효과라고 언급한 것은 설득력이 떨어진다는 지적도 나온다. 대기업 혹은 금융권 정규직 노동자 임금은 최저임금 인상과 연관성이 떨어지기 때문이다. 이○○ 리쓰메이칸대학교 경제학부 교수는 페이스북에서 "최저임금 인상과는 아무 관계가 없을 상위 소득 계층의 근로소득 증가까지 포함해서 최저임금 인상 효과가 90%라고 하는 건 이해하기 어렵다"고 지적했다.

근본적으로 최저임금 인상에 따른 종합적 효과를 판단하려면 최저임금 인상이 고용 감소에 미친 영향 등도 살펴봐야 하는데 이 부분이 명확하게 나오지 않은 상황에서 비근로자를 제외한 개인별 근로소득 통계를 별도 추출한 방식은 한계가 있다는 의견도 있다.

청와대 주장은 타당하게 보인다. 실제로도 최저임금은 임금의 성격을 띠고, 자영업자는 스스로 일해서 돈을 벌기 때문에 최저임금 적용 대상자가 될 수 없다. 또 저소득층에 속한 대부분의 사람은 노동자(근로자)가 아니기 때문에 최저임금을 인상해도 여기에 해당하지 않는다. 그래서 저소득층에 속한 사람들은 자신들의 소득이 늘어나지 않았는데(하위 10%) 다른 사람들은 소득이 90%가 올라 최저임금 인상 효과가 90%라고 생각하는 것에는 공감하기 어렵다. 당시 전문가들도 이를 두고 여러 해석을 내놓았다.

📖 불가피한 선택 VS 현명한 선택

최저임금 인상의 가장 큰 문제는 '최저임금이 어느 정도 되어야 살 수 있는가?' 하는 논의가 전혀 없었다는 점이다. 그러다 보니 정치적 혼란 속에서 대선이 치러졌고, 여야 모두 '최저임금 1만 원'이라는 공약을 내세웠다. 심지어 최저임금 속도 조절이 현실화된 지금까지도 최저임금 계산 범위, 업종·규모별 이원화까지 논란은 여전하다.

그러나 최저임금이 1만 원 수준에 도달한다고 해서 임금 근로자의 삶이 반드시 나아진다는 보장은 없다. 왜냐하면, 임금 상승에 따른 물가 변동을 고려하면서 고용 감소도 걱정해야 하기 때문이다. 또 무엇보다 노동 생산성 향상이 따르지 않는 최저임금 인상은 기업의 부담만 가중하게 하고, 주거 문제나 보육 등 다른 곳에서의 부담을 줄여주는 것이 더 나았을지도 모른다.

국민에게 한 공약은 지켜야 하지만, 상황이 바뀌면 진단도 달라져야 한다. 우리 경제의 대내외 여건과 고용 상황, 영세 자영업자와 소상공인들의 어려운 사정 등 현실을 고려했을 때 '2020년까지 최저임금 1만 원 공약'을 지키기 어렵다고 한다.

이제 당신의 생각을 말할 차례이다. 최저임금 속도 조절은 불가피한 선택이었을까. 아니면 늦었지만 현명한 선택이었을까.

기사의
종류

📖 어떤 신문을 고를까?

신문은 우리 사회에서 벌어진 사건에 대한 보도와 비판을 신속·정확하게 알리는 목적을 띠고 있다. 신문은 내용이나 발행 목적에 따라 종류가 다양하며, 보통 오전·오후에 매일 발행하는 일간 신문과 매주 발행하는 주간 신문의 형태, 지역 신문에서 전국지, 국제 신문까지 다양한 규모로 발간된다.

신문 종류가 다양하다고 해서 어떤 신문을 고를지 고민하거나 부담 가질 필요는 없다. 사람마다 취향이나 신문을 보는 목적 등이 다르니 보고 싶은 것으로 고르면 된다.

내가 추천하는 방법은 보수 성향의 매체 1곳, 진보 1곳, 중도 1곳을 함께 읽는 것이다. 이들은 같은 사건을 두고 서로 다른 관점을 보이곤 하는데, 이때 논지를 어떻게 이끌어 가는지를 파악하면 경제기사 이해하는 데에 큰 도움이 된다.

📰 같은 주제, 다른 기사

'빅맥지수$^{Big Mac index}$'라는 용어가 있다. 이것은 세계 각국에서 판매되는 맥도날드 햄버거 '빅맥' 가격을 지수화한 것으로, 같은 물건은 어디서나 값이 같아야 한다'는 일물일가^{一物一價} 원칙을 전제로 한다. 그래서 실제 환율이 빅맥지수보다 낮으면 해당 국가의 통화가 고평가되어 있고, 반대로 높으면 저평가되어 있다고 해석한다. 우리는 빅맥지수를 통해 물가 수준을 간편하게 비교할 수 있는데, 경제기사에서는 크게 두 가지 유형으로 소개한다.

빅맥지수 봐도 달러 초강세…엔화 37.5%·유로 20.3% 저평가

○○뉴스, 2019.07.15

…(전략)… 빅맥지수는 특정 국가의 환율이 적정 수준인지 가볍게 점검해 본다는 취지로 이코노미스트가 1986년부터 발표하고 있다.

이 지수는 두 국가의 환율이 결국 상품·서비스 묶음의 가격이 같아지는 지점으로 접근한다는 구매력 평가설에 근거를 둔다. 맥도날드 햄버거인 빅맥의 가격을 두 국가에서 측정해 실제 환율과 비교해 어떤 차이가 있는지를 보는 게 빅맥지수다.

한국에서 빅맥은 4천500원이고 미국에서는 5.74달러인데 여기에 내포된 환율은 달러당 783.97원이다. 그러나 조사 당시 실제 환율은 달러당 1천180.55인 까닭에 원이 달러보다 33.6% 저평가돼 있다는 계산이 나오는 것이다. …(하략)…

첫 번째 기사는 빅맥지수 계산법을 설명하고 있다. 여기서 양국의 빅맥 가격을 비교해 보면 약 784원(4,500/5.74)이 나오는데, 이는 빅맥을 기준으로 할 때 두 국가의 적정 환율이 784원이라는 뜻이다. 반면 실제 환율은 그보다 높은 1,180원 정도여서 한국에서 4,500원이면 살 수 있는 빅맥을 미국에서 살 때 6,770원(1180×5.74)을 내야 한다는 말이다. 이를 두고 경제기사에서는 '환율 상승' 또는 '원화 가치 저평가'라고 한다.

2018 빅맥지수 1위는 스위스…한국은 아시아 2위

○○일보, 2018.05.18

영국 경제지 이코노미스트가 매년 발표하는 빅맥지수에서 한국이

4.11달러로 24위를 차지했다. …(중략)… 빅맥지수가 가장 높은 나라는 스위스(6.76달러)였으며 그 뒤로 노르웨이(6.24달러), 스웨덴(6.12달러) 등의 순이었다. 아시아에서는 싱가포르(4.38달러)가 가장 높았으며, 한국은 그 뒤를 이어 아시아에서 두 번째로 가격이 높은 것으로 나타났다. …(하략)…

두 번째 기사는 빅맥지수를 기준으로 한 주요국 물가 순위를 소개하고 있다. 여기서 주의해야 할 점이 있는데, 대개 순위가 높을수록 물가도 높다고 생각하기 쉽다. 틀린 말은 아니지만, 이것만으로 물가 수준을 단정하는 것은 위험하다. 각국의 경제 여건이 다르기 때문이다. 순위는 참고만 하면 된다.

그 밖에도 빅맥지수에 관련한 여러 유형의 기사를 생각해볼 수 있다. 빅맥지수가 얼마나 유효한 지수인지를 놓고 전문가와 한 인터뷰나 빅맥지수를 예로 들며, 한국의 물가 수준이 높다고 주장하는 칼럼 등이 대표적이다. 이제부터 기사의 종류와 특징에 대해 알아보자.

◆ 다양한 종류의 기사

기사는 크게 보도, 해설, 인터뷰, 사설, 칼럼 등으로 나눌 수 있다. 그중 보도가 가장 일반적이다. 보도는 빠르고 정확한 정보 전달을 목적으로 하며, 기자의 주관은 거의 들어가지 않는다. 앞서 살펴보았던 빅맥지수 주요국 순위 기사를 비롯해 평소 우리가 접하는 대부분의 경제기사가 여기에 속한다고 보면 된다.

해설은 사실 전달과 함께 독자의 이해를 돕는 유형이다. 때로는 흥미를 유도하고자 기사 첫머리에 팩트가 아닌 인용구를 넣는 경우도 있다. 경제기사 특성상 용어나 지표를 해설하는 기사가 나오는데, 이때는 경제기사를 통해 공부한다는 생각으로 읽어 나가면 된다. 빅맥지수 계산법 기사가 여기에 속한다.

인터뷰는 해당 주제에 관련된 인물과 직접 이야기하는 유형이다. 스포츠·연예 기사는 주로 인기 스타와 인터뷰하고, 경제기사는 학자나 관료 또는 연구원이 중심 인물이다. 그래서 기사의 흥미도는 떨어질 수 있다. 하지만 특정 경제 이슈에 관한 최고 전문가의 입장을 들을 수 있다는 점에서 의미가 있다.

사설과 칼럼은 주관적인 성격의 글이다. 사설은 대개 신문사의 입장을 대변한다. 반면 칼럼은 개인 의견이 주를 이룬다. 그래서 사설이나 칼럼을 읽을 때는 일반 기사처럼 정보 전달에 주목해서는 안 된다. 특정 입장임을 감안하되, 그 주장이 얼마나 타당한지 따져보는 것이 중요하다.

그밖에 가십과 단신이 있다. 가십은 흥미를 끄는 것, 단신은 짤막한 정보 전달을 뜻하는데 경제기사에서 가십과 단신을 읽을 일은 드물다.

아래는 ○○경제신문 논설위원이 쓴 칼럼의 일부이다. 여기에는 논설위원이 보는 최근 경기 상황에 대한 진단과 제언이 담겨 있다. 위의 기사들과 다른 점이 무엇인지 찾아서 읽어 보자.

지나친 경기 낙관론…결과는 '디플레이션' 논쟁

2019.09.08

지난달 소비자물가 상승률이 −0.04%로 떨어짐에 따라 한국 경제가 '디플레이션(이하 디플레)' 국면에 빠진 것이 아닌가 하는 논쟁이 가열되고 있다. 월별 지표는 3개월간 지속 여부로 경기를 판단하는 점을 감안하면 이른 감이 없지 않다. 하지만 마이너스 물가 상승률은 통계 작성 이래 처음 있는 일이기 때문에 디플레 논쟁 그 자체는 의미가 크다. …(중략)…

밤낮없이 경기 살리기에 부심하는 경제 각료의 고충을 모르는 바가 아니다. 하지만 경제정책은 '타이밍'이 생명이다. 실기(失機)하면 이후에 엄청난 정책 비용을 치른다. '정치꾼(다음 선거와 자신의 자리만 생각)'보다 '정치가(다음 세대와 국민을 우선)', '정책 당국'보다 '국민' 편에서 좀 더 솔직하게 경기를 보고 경제정책을 추진해 주기를 바란다.

마지막으로 특정 경제 이슈에 대한 자기 입장을 글로 쓸 때는 비슷한 성향의 사설이나 칼럼을 많이 읽어 두는 것이 좋다. 경제기사에는 숫자(지표)를 근거로 한 것이 많아 기본적인 지표 해석은 필수이다. 그러니 평소에 보도 기사나 해설을 꾸준히 읽어 경제기사 읽기와 지표 해석에 익숙해진 후 인터뷰나 사설 또는 칼럼을 읽는 것이 좋겠다.

나만의 입장을
세워라

📖 기회이자 역차별이 되는

부채 탕감은 대출 원금이 비교적 소액이거나 형편이 어려운 이들을 채무 부담에서 벗어날 수 있게 지원해주는 제도이다. 경제적으로 어려운 사람에게도 재기의 기회를 준다는 점에서 분명 바람직한 정책이다. 또 이들이 정상적인 경제활동으로 회복할 경우, 경제 전체의 상황도 나아진다.

하지만 우려의 목소리도 만만찮다. 도덕적 해이가 대표적인데, 부채 탕감을 해주면 빚을 갚을 능력이 있어도 일부러 갚지 않는다는 이유에서이다. 대부분의 사람이 그렇듯 성실하게 빚을 갚아나가는 이들에게는 역차별로 보일 수 있고, 무엇보다 '신용'이라는 큰 질서가 흔들릴 수 있다. 그래서 부채 탕감은 제한적으로 실시하고 있지만, 논란은 끊이질 않는다.

취약계층 빚 45% 감면…도덕적 해이 불 보듯

○○경제, 2018.12.05

금융 당국의 강요에 의해 은행들이 취약차주의 대출 원금을 최대 45%까지 감면해 주는 채무 조정 제도 도입이 추진되고 있다. 금융 당국은 기초생활수급자, 장애인 등 사회 취약계층과 실업·폐업·질병 등으로 어려움에 빠진 차주들에게 은행들이 원금을 깎아주라고 압박하고 있다. 은행들은 공식적으로는 금융 당국의 뜻에 반하는 논평을 내놓지 않고 있다. 하지만 정부가 세금으로 할 일을 은행에 떠넘기고 있다고 속을 끓이고 있으며, 이 제도가 도입되면 빚을 갚지 않아도 된다는 도덕적 해이가 기승을 부릴 것이라고 우려하고 있다. … (하략)…

만약 당신이 정책 결정자라면 부채 탕감 문제를 어떻게 해결하겠는가.

경제정책에 정답은 없다. 단지 어느 쪽에 조금 더 무게를 두느냐에 따라 결과가 달라질 뿐이다. 경제정책에서 경제성장과 분배, 확대와 긴축, 완화와 강화는 오랜 논쟁 중 하나로, 우리는 이 문제를 다루는 기사를 종종 볼 수 있다.

📖 반값 등록금과 대학 경쟁력

반값 등록금은 대학생들의 등록금 부담을 낮추고자 시행한 정책이다. 2009년부터 논의되기 시작했으며 이후 무상급식 이슈와 더불어 대표적인 복지 정책으로 자리 잡았다. 반값 등록금 정책은 이명박, 박근혜 정부를 거쳐 현 정부에서도 대선 공약으로 내세운 적 있다.

지금 반값 등록금 정책과 정책이 시작되던 약 10년 전 모습과 비교해 봤을 때, 이 정책에 분명 변화가 있었다. 몇몇 대학은 등록금을 인하하거나 동결했고, 정부도 국가 장학금 제도를 꾸준히 보완·확대했다. 지방에서도 인구 감소 해결과 교육 복지 확대 취지로 여기에 동참하고 있다. 그럼에도 불구하고 반값 등록금에 대한 논란은 그치지 않고 있다.

먼저 반값 등록금 정책 반대 입장에서는 국가의 무리한 재정 지출과 대학의 자율성 침해, 경쟁력 상실을 우려한다. 찬성 입장에서는 지금의 지원 수준을 고려했을 때 예산을 더 늘려야 하며, 대학 측의 합리적인 재정 운영 노력이 더해져야 한다고 주장한다.

그런 와중에 경기도 안산시가 '대학생 등록금 자부담 반값 지원' 사업을 발표했다. 안산에 거주하는 대학생 2만여 명이 반값 등록금 지원 대상이며, 정책이 시행될 경우 1명당 학기마다 165만 원씩 지원한다. 시는 지자체 스스로 교육권을 강화하는 취지라고 밝혔고, 무엇보다 재원財源 마련에 큰 문제가 없다는 입장을 보였다. 아래는 안산시 발표가 나온 직후 보도된 기사 제목이다.

- 안산시, 전국 최초로 '대학생 반값 등록금' 시행
  - ○○○, 2019.04.17
- 안산시, '반값 등록금' 재원 마련 우려에 '자신만만'
  - ○○뉴스, 2019.04.17
- 안산시 '반값 등록금' 도입…지자체 포퓰리즘 쏟아내
  - ○○경제, 2019.04.17
- 안산시 '반값 등록금'…고삐 풀린 지자체 포퓰리즘
  - ○○경제, 2019.04.17

예정대로라면 이 사업은 2019년 하반기부터 시작했어야 한다. 그러나 6월과 8월 두 차례에 걸쳐 안산시의회의 문턱을 넘지 못하며 9월 추진은 물거품이 됐다. '사업 추진 과정의 절차

적 하자'와 '충분한 사전 검토 필요성'이 이유였다. 10월이 돼서야 조례안이 통과됐으나, 여전히 논란은 분분하다.

반값 등록금에 대한 당신의 생각은 어떤가. 당신이 어떤 것을 선택하든 그 선택은 자유다. 찬성하거나 반대할 수 있다. 혹은 무작정 반값이 아닌 현실적인 반값 수준을 찾는 것이 먼저라고 볼 수도 있다. 다만 '나는 보수니까 반대, 진보니까 찬성'과 같은 이유만으로 특정 입장을 고집하는 태도는 바람직하지 않다. 주장에 대한 근거가 얼마나 타당한지 먼저 살펴보는 자세가 필요하다.

청년의 나이는 몇 살까지일까?

취업난이 심해지면서 구직 준비하는 사람들의 수와 구직 활동 준비 기간이 함께 늘었다. 청년부터 중장년까지 구직 준비를 하느라 장기 실업 상태인 사람들이 늘어나자, 서울시에서는 '청년수당제도'를 도입했다. 이 제도는 서울에 거주하고, 취업 자격을 갖춘 장기 미취업 청년들을 대상으로 매월 50만 원씩, 최대 6개월까지 지급한다. 받은 돈은 사업 취지에 어긋나지 않는 범위 내에서, 자유롭게 쓸 수 있다. 여기서 우리가 짚어볼 것은 '청년의 나이'이다.

2016년 서울시가 청년수당제도를 처음 도입할 당시 대상은

만 19~29세였다. 그러다 2019년에 이르러서는 34세까지 연장했다. '20대=청년'이라는 범위를 벗어나 이제는 30대 초반까지 청년으로 본다는 뜻이다. 인구 감소 문제를 겪는 일부 지자체는 이러다 마흔이 넘어도 청년으로 볼 지경이다.

과연 몇 살까지를 청년으로 봐야 할까. 실제로 2014년 정부가 일자리 창출을 위해 도입한 '청년고용 할당제'를 두고 위헌 논란이 일었다. 관련법에서 청년의 범위를 34세까지로 정했기 때문이다. 35세 이상의 구직자들은 평등권과 직업 선택의 자유를 침해받았다며 헌법 소원을 제기하기에 이른다. 다음 기사를 보면 더 자세히 알 수 있다.

헌재, "공공기관 34세 이하 청년고용 할당제 합헌"

○○신문, 2014.09.02

공공기관과 공기업에 매년 정원의 3% 이상씩 34세 이하 청년 미취업자를 채용하도록 한 청년고용 할당제는 헌법에 위반되지 않는다는 헌법재판소 결정이 나왔다. …(중략)… "청년 할당제는 모든 공공기관에 일률적으로 강제되는 것이 아니라 일정 규모 이상의 기관에만 적용되고 3년간 한시적으로만 시행돼 불이익을 최소화했다"며 "35세 이상 지원자들이 공공기관 취업 기회에서 청년 할당제 시행 때문에 불이익을 받을 가능성은 현실적으로 크다고 볼 수 없어 ○○씨 등의 평등권을 침해했다고 볼 수 없다"고 덧붙였다. …(하략)…

가까스로 위헌은 모면했지만, 청년의 나이를 어디까지로 볼 것인가는 대단히 민감한 사안이다. 누군가는 한 살 차이로 혜택을 받고, 누군가는 배제될 수 있기 때문이다. 가장 중요한 과제는 노동 시장의 이중구조 개선과 일자리 확대다. 정작 청년들이 원하는 것은 수당보다 안정된 일자리일 테니 말이다.

🔖 적절한 국가채무

정부가 빚을 졌을 때 갚아야 할 돈을 가리켜 '국가채무'라고 한다. 국채, 차입금, 국고채무부담행위**국가가 한 회계 연도에 세운 예산 외 국가의 부담이 될 계약을 체결하는 일**, 지방정부순채무**지방채무 중 지방채(차입금, 지방채증권)의 중앙정부 차입금을 제외한 것**가 여기에 포함된다. 국제통화기금**IMF, International Monetary Fund**에서는 국가채무를 '정부가 직접적인 상환 의무를 부담하는 확정채무'로 보고 있기에 보증채무, 4대 연금의 잠재부채, 공기업부채 등은 국가채무에 공식적으로 포함되지 않는다. 하지만 결국 정부의 부담이 된다는 점을 떠올려볼 때 간과할 수 없는 부분이기도 하다.

최근 '국가채무 40% 적정선'을 두고 논란이 일었다. 2015년 당시 야당이었던 문재인 대표는 2016년 예산안을 두고 "박근혜 정부 3년 만에 나라 곳간이 바닥나서 GDP 대비 40%에 달하는 국가채무를 국민과 다음 정부에 떠넘기게 됐다"라며 비판했다.

그로부터 4년이 지난 지금엔 "GDP 대비 국가채무 비율을 40%대 초반에서 관리하겠다"는 홍남기 부총리의 보고에 오히려 적극 재정을 펼칠 것을 주문했다. 그러자 거센 반발이 일었다. 무엇보다 2018년 국가채무 비율이 38.2%로 사실상 마지노선에 도달한 상황이었기 때문이다. 재정 확대도 중요하지만, 나랏빚 증가를 너무 쉽게 생각한다는 비판에서부터 OECD 평균에 비교해 볼 때 재정 여력이 충분하다는 반박과 지금은 양호해도 앞으로의 고령화와 재정 지출 증가 속도를 따져 볼 때 좀 더 신중해야 한다는 입장도 나왔다.

📰 국가채무의 명암

불거진 논란은 한국은행의 통계 자료를 발표하면서 싱겁게 끝나버렸다. 바로 '국민계정'인데, 정부 및 기관이 작성하는 공식 자료 중에서는 가장 중요한 통계라고 보면 된다. 국민계정은 국민 경제활동의 총량을 나타내며, 최근 경제 상황에 맞게 개편한 결과를 발표하고 있다.

|그래프 4|

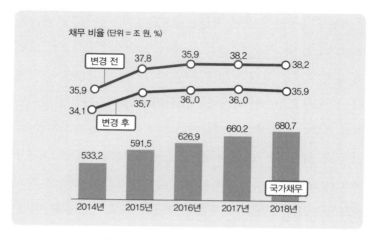

▲ GDP 기준연도 바꾸니 채무 비율 ↓, 국가채무는 그대로

(출처: https://www.mk.co.kr/news/economy/view/2019/06/433187/)

이번 경우에는 기준 연도가 2010년에서 2015년으로 변경되면서 그동안 잡히지 않았던 자산들이 새로이 집계됐다. 그 결과 국내총생산이 늘어나고 국가채무는 하락했다. 40%라는 숫자를 마지노선으로 주장한 입장에서는 할 말이 없게 된 상황이다.

핵심은 국가채무가 40%를 넘는지를 두고 논쟁하는 것보다 돈이 얼마나 제대로 쓰였는지를 따져 봐야 한다는 데에 있다. 정부가 경기 상황에 선제적으로 대응하기 위해 꼭 써야 한다면, 국가채무 증가도 응당 감수해야 한다. 하지만 선심성 지출에 그칠 우려가 있다면 신중하게 따져 봐야 한다. 국가채무는 결국 국민의 빚으로 돌아오기 때문이다.

제2장

그래프와 지표 이해하기

호황 경기,
불황 경기

📖 숫자도 정보가 된다

경제기사에서는 숫자만으로도 하나의 정보가 될 수 있다. 그중에는 경제 사정을 그대로 나타내는 솔직한 숫자와 기사 방향에 맞춰 재편집한 숫자가 있다. 그러니 숫자를 제대로 해석하는 것이 경제기사 읽기의 핵심이라 할 수 있다.

- 3월 기업 경기 지수 97로 반등…조선·자동차 긍정적

  － ○○비즈, 2019.02.26

- 경제에 '봄바람' 부나…3월 BSI 97로 '점프'

　　　　　　　　　　　　　　　　　　　－ 뉴스○○○, 2019.02.26

　　위 기사는 2019년 2월 한국경제연구원이 발표한 기업 경기 전망 조사 결과를 소개하고 있다. 특히 1~3월의 경제 전망은 한 해의 경제 상황을 예상한다는 점에서 의미가 있는데, 제목만 놓고 보면 마치 기업 경기가 좋아진 것처럼 느껴진다. 그러나 2019년 2월 26일 기사 제목 속 숫자인 97은 어떨까.

　　아래 기사를 보면 위의 기사와 같은 날에 다른 제목으로 조사 결과를 소개하고 있다. 그런데 정반대의 느낌을 준다.

- 기업 경기 전망, 車·船 회복에 소폭 개선됐지만, 여전히 '부정적'

　　　　　　　　　　　　　　　　　　　－ ○○경제, 2019.02.26

- 3월 BSI 97.0 전달 대비 상승…여전히 부정 전망 우세

　　　　　　　　　　　　　　　　　　　－ ○○○경제, 2019.02.26

　　같은 숫자여도 어떤 내용의 제목이냐에 따라 경기가 좋아진 것처럼 또는 나빠진 것처럼 읽힐 수 있다. 이는 기업경기실사지수에 대한 이해 없이 해석했기 때문이다. 결론부터 말하면

양쪽 기사 제목에는 문제가 없다.

📖 기준이 되는 숫자

한국경제연구원에서 발표하는 BSI는 경기 동향에 대한 기업들의 판단, 예측, 계획을 관찰해 지수화한 경기 지표다. 보통 긍정·보통·부정의 3점 척도를 사용하며 전체 응답 중 긍정 응답 기업 수와 부정 응답 기업 수의 차이를 기초로 한 공식을 따른다. 이때 숫자 100을 기준으로, 100보다 크면 긍정적인 전망이 우세하고 100보다 작으면 부정적인 응답이 우세하다.

$$\text{BSI} = \left(\frac{\text{긍정 응답 기업 수} - \text{부정 응답 기업 수}}{\text{전체 응답 기업 수}} \times 100 \right) + 100$$

97은 100보다 작다. 여전히 부정적인 응답이 우세한 상황이다. 그럼에도 '반등'이나 '점프'와 같은 표현을 쓴 이유는 무엇일까.

2019년 2월, 한국경제연구원이 발표한 보도자료에서 핵심만 살펴보자.

3월 BSI 97.0, 전달 대비 상승했으나 여전히 부정 전망 우세

- 3월 전망치(97.0), 기저효과·계절 요인 등으로 지난달 대비 상승
- 2월 실적치(84.3), 46개월간 100선 아래에 머물며 부진
- 수출 감소와 세계 경제 둔화 본격화로 체감 경기 회복 쉽지 않을 것

출처: 한국경제연구원(http://www.keri.org/web/www/keribsi)

| 그래프 5 |

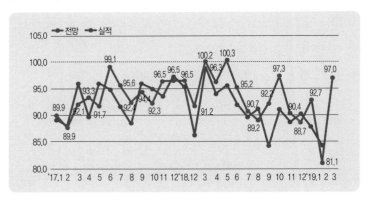

	'18.3	4	5	6	7	8	9	10	11	12	'19.1	2	3
종합 경기 (전망)	100.2	96.3	100.3	95.2	90.7	89.2	92.2	97.3	90.4	88.7	92.7	81.1	97.0
종합 경기 (실적)	99.1	94.0	95.5	91.9	89.7	91.1	84.2	91.0	88.7	90.2	87.7	84.3	

▲ 종합 경기 BSI 추이

출처: 한국경제연구원(http://www.keri.org/web/www/keribsi)

먼저 살펴볼 것은 종합 경기(전망) 결과로, **그래프 5**를 보면 지난 1년간 등락을 거듭하다 2월 81.1에서 3월 97.0으로 크게 상승했음을 알 수 있다. 참고로 2월 전망치는 금융위기 이후 10년간 최저치를 기록했던 시기로, 기업 전망은 분명히 나아진 셈이다. 이렇게 볼 때 반등이나 점프라는 해석은 적절하다.

핵심은 어떤 근거로 (전망치가) 상승했는가 하는 데에 있다. 한국경제연구원은 2월에 경기 악화에 따른 기저효과 및 신학기 수요증가 기대, 동절기 해제에 따른 수주증가 등 계절적 요인, 미·중 무역 전쟁 완화 기조 등을 제시했다. 또 그동안 침체되었던 조선, 자동차 업종에서 긍정적 전망이 나타났다고 덧붙였다.

결과만 놓고 보면 (100을 기준으로 할 때) 여전히 부정적인 것이 사실이다. 하지만 앞으로의 상승도 충분히 기대해볼 수 있다. 같은 자료를 놓고도 정반대의 전망이 나오는 이유는 그럴 만하다는 뜻이다. 실제 결과는 어땠을까.

그래프 6은 2018년 10월부터 2019년 10월까지의 BSI 전망과 실적을 나타낸다. 급등락을 보이긴 해도 여전히 100 미만이다. 기업 입장에서 바라보는 경제 상황은 좀처럼 나아지지 않았다는 뜻이다.

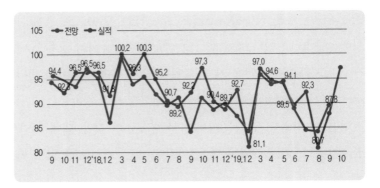

	'18.10	11	12	'19.1	2	3	4	5	6	7	8	9	10
종합 경기 (전망)	97.3	90.4	88.7	92.7	81.1	97.0	94.6	94.1	89.5	92.3	80.7	87.8	97.2
종합 경기 (실적)	91.0	88.7	90.2	87.3	84.3	96.1	93.9	94.5	88.9	84.6	84.0	89.5	

▲ 종합 경기 BSI 추이(2019년 12월 기준)

출처: 한국경제연구원(http://www.keri.org/web/www/keribsi)

🗞 기준금리 결정의 중요성

BSI와 기준금리 사이에 '숫자'라는 공통점이 있지만, 이 둘은 움
직임에 차이가 있다. BSI는 100을 기준으로 하는 만큼 5~10 정
도의 변동은 자연스럽다. 그러나 기준금리가 이렇게 움직이면

경제는 아수라장이 된다. 미세한 변동만으로도 시장에 미치는 영향이 크기 때문에 기준금리 결정에는 신중할 수밖에 없다.

한국은행 금융통화위원회**한국은행의 통화신용정책에 관한 주요 사항을 심의 또는 의결하는 곳**는 물가동향, 국내외 경제 상황, 금융시장 여건 등을 고려해 기준금리를 결정한다. 이곳은 한국의 대표 정책 금리를 정하는 곳이니 경제기사에서도 비중 있게 다룬다. 경제공부를 할 때 기준금리가 얼마인지만 알아보는 것보다, 예상 발표와 실제 발표를 비교해 보면 좋은 공부 습관이 될 수 있다.

한은, 예상 깨고 기준금리 인하… 日 보복에 선제 대응 나섰다

○○일보, 2019.07.18

한국은행 금융통화위원회는 18일 서울 중구 한은 본관에서 전체 회의를 열고 기준금리를 연 1.5%로 0.25%포인트 인하했다. 지난해 11월 기준금리를 0.25%포인트 인상한 뒤 8개월 만의 인하다. 시장은 이번 달 금리 동결을 예상했지만, 한국은행이 전격적으로 금리 인하에 나선 것은 경기 둔화세와 대외 불확실성이 커진 데 따른 것으로 분석된다. …(하략)…

위 기사는 한창 일본의 수출 규제 조치가 이뤄지던 때를 다루고 있다. 한국은행은 예상과 달리 전격적으로 기준금리 인하를 단행했는데, 미·중 무역분쟁이라는 대외 악재와 추경 집행의 지연 속에 일본 수출까지 더해지자 선제적으로 판단한 조치이다. 또 같은 해 10월 추가 인하로 기준금리가 1.25%까지 낮아지면서, 시장의 관심은 기준금리 0% 시대에 모이고 있다.

| 그래프 7 |

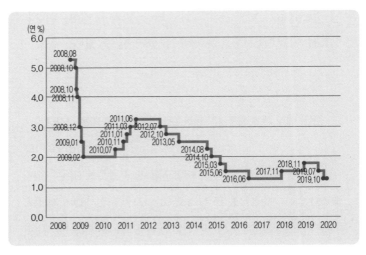

▲ 기준금리 추이

출처 : 한국은행(https : //www.bok.or.kr/portal/singl/baseRate/progress.do?dataSeCd =01&menuNo=200656)

일반적으로 금리 인하는 경제부양효과를 불러오는 것으로 알려져 있다. 하지만 세계 경제가 전반적으로 침체되고 기업의 투자 심리마저 위축된 상황에서 금리 인하의 효과에 대한 결과는 미미할 수 있다. 오히려 구조조정의 지연, 가계부채 확대, 부동산시장 과열 등 역효과만 가져올지도 모른다. 이것이 바로 기준금리 결정이 중요한 이유이다.

기간별
경제지표

📰 매일의 움직임, 증시

경제지표는 기간에 따라 일, 월, 분기, 년으로 나눌 수 있는데, 그중 일일지표의 대표적인 예로 증시가 있다. 예전에는 신문을 보는 것이 증시를 살피는 거의 유일한 방법이었다. 이후 TV와 인터넷 등을 거치며 지금에 이르는데, 매체는 바뀌어도 증시는 여전히 그날의 경제 상황을 가장 잘 나타내는 지표 역할을 한다.

| 그림 1 |

▲ 당시 신문에서 종목별 종가, 전날 대비, 거래량을 알 수 있다.
1998년 9월 4일 ○○신문 경제면(출처: 네이버 뉴스라이브러리)

　증시는 주가지수, 시장지표, 국내증시로 구분한다. 경제 전반을 파악하려면 주가지수와 시장지표 움직임을, 국내증시는 종목 중심의 움직임을 반영하고 있어 실전투자를 고려하는 사람들이 참고하면 좋다.

| 표 2 |

구분		거래량
주가지수		코스피, 코스닥, 다우(미국), 나스닥(미국), 니케이225(일본), 상해 종합 (중국), DAX(독일), RTS(러시아)
시장 지표	금리	콜 금리, CD(91일), 국고채(3년), 회사채(3년), COFI 잔액, COFIX 신규
	유가	WTI, 두바이유, 브렌트유, 휘발유, 고급 휘발유, 경유
	귀금속	국내 금, 국제 금, 백금, 은, 팔라듐
	원자재	가스 오일, 난방유, 천연가스, 구리, 납, 아연, 니켈, 알루미늄 합금, 주석, 옥수수, 설탕, 대두, 대두박, 대두유, 면화, 소맥, 쌀, 오렌지 주스, 커피, 코코아
한국전력		검색 상위종목, 시가총액 상위종목, 상한가종목, 하한가종목, 거래량 상위종목, 신규상장종목, IPO종목, 관리종목, ETF, ETN, SPAC, 코스피200종목, 코넥스종목, 배당수익률 상위종목, 배당금 상위종목, 주주총회일

▲ 주요 증시 정보

출처: 네이버 금융

📰 매월의 움직임, 경기종합지수

경제 전체의 상황을 나타내는 지표로는 국내총생산GDP이 대표적이다. 하지만 분기별로 작성되기 때문에 매월 경제 동향을 파악하는 데는 한계가 있다. 이때 사용하는 지표가 경기종합지수CI, composite indexes of business indicators이다. 경기종합지수는 매월 통계청에서 발표하고 있으며, 선행종합지수, 동행종합지수, 후행종합지수로 나눌 수 있다.

| 표 3 |

선행종합지수(7개)	동행종합지수(7개)	후행종합지수(5개)
재고 순환 지표 경제심리지수 기계류 내수 출하 지수 건설 수주액(실질) 수출입물가 비율 코스피 장단기금리차	비농림 어업 취업자 수 광공업 생산 지수 서비스업 생산 지수 소매판매액 지수 내수 출하 지수 건설 기성액(실질) 수입액(실질)	취업자 수 생산자 제품 재고 지수 소비자물가지수 변화율 (서비스) 소비재 수입액(실질) CP 유통 수익률

▲ 경기종합지수 구성 지표

출처: KOSIS 국가통계포털 월보(http://kosis.kr/publication/publicationThema.do)

이 표를 보는 법은 간단하다. 경기보다 먼저 움직이면 선행, 현재 상황을 보여주면 동행, 사후적 확인이면 후행종합지수에 속한다고 보면 된다. 예를 들어 소비는 선행종합지수의 경제심리지수를 통해 알 수 있는데, 이때 전반적인 소비자심리를 파악한다. 반면 동행종합지수의 소매판매액지수에서는 소매 부문의 판매량을 조사한다.

경제 환경이 달라지면 지수도 개편되기 마련이다. 과거 '국제원자재가격지수(역계열)'라는 지수가 선행종합지수에 있었는데 지금은 제외됐다. 국제 유가 영향이 국제원자재가격지수와 수출입물가 비율에 중복으로 반영되기 때문이다.

장단기금리차도 경기대응력이 약화된다는 지적이 일면서 장기금리 기초 자료를 국고채 3년에서 국고채 5년으로 대체했다. 경기종합지수 개편은 그동안 10차례에 걸쳐 이뤄졌다. 경제 환경이 끊임없이 변화하는 만큼 지수의 예측력을 높이기 위해서라도 개편은 꼭 필요한 일이다. 참고로 2019년에 10차 경기종합지수 개편이 있었다. 이것도 선행종합지수의 동행화 현상(사실상 선행을 못한다는 뜻) 때문에 개편한 것이다. 그런데 예측이라는 것은 기준이 명확하지 못하므로 부족한 부분을 꾸준히 채워 나가고 있다.

최근 저성장 기조와 경기 침체가 맞물리면서 경기종합지수에도 경고등이 켜졌고, 해법으로는 투자 활성화, 규제 완화, 노동 시장 개선 등이 거론되고 있다.

분기별 움직임, GDP와 경제성장률

한 나라의 국민 전체가 벌어들인 소득을 가리키는 국민소득은 한국은행이 분기별로 발표하고 있으며, 이를 전부 더하면 연간 경제성장률이 된다.

경제활동이 정상적으로 이뤄질 때 경제성장률은 조금씩 상승하는 것이 일반적이다. 또한 선진국일수록 경제성장률이 점차 낮아지고, 대내외적으로 급격한 변동이나 경제에 악영향을 미치는 사건이 발생할 때는 경제성장률도 뒷걸음친다. 과거 고

속 성장을 이뤄낸 한국도 오일 쇼크와 외환위기 당시에는 마이너스 성장을 기록한 적이 있다.

국민소득은 크게 두 가지로 나눈다. 하나는 경제 전체의 소득이고, 다른 하나는 국민 1인당 소득이다. 아무리 경제 규모가 크더라도 1인당 소득이 낮으면 선진국이라 보기 어렵다.

- 1인당 국민소득 '3만 달러 시대' 개막…'4만 달러' 가는 길은 첩첩산중

  — ○○일보, 2018.12.01

- 1인당 국민소득 3만1349달러…12년 만에 3만 달러 넘어

  — ○○경제, 2019.03.05

- 국민소득 3만 달러 시대… '삶의 질 선진국'은 먼 길

  — ○○○, 2019.03.06

한국은 2018년 4/4분기에 1%대의 경제성장을 달성하면서 마침내 1인당 국민소득 3만 달러의 벽을 넘어섰다. 2006년 2만 달러 달성 후 12년 만이다. 그러나 경제성장을 달성하면서 생긴 양극화 해소와 신성장 동력 모색은 앞으로 풀어야 할 과제이다.

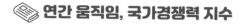

연간 움직임, 국가경쟁력 지수

국가경쟁력이란 한 나라가 사업하기 좋은 환경을 조성해 국민 경제의 성장 및 국민들의 삶의 질 향상을 이끌어내는 능력을 말한다. 대표적으로 세계경제포럼WEF, World Economic Forum의 국가 경쟁력 순위를 들 수 있다. 이 순위가 절대적인 지표는 아니지만, 국가 간 경제 상황을 비교해 볼 수 있다는 점에서 참고할 만하다.

| 표 4 |

미국(↓1)	일본(↓1)	독일(↓4)	영국(↓1)	한국(↑2)	프랑스(↑2)	이탈리아(↑1)
1→2	5→6	3→7	8→9	15→13	17→15	31→30

▲ 30-50클럽 WEF 국가경쟁력 순위('18년 → '19년)

출처: 기획재정부

(http://www.moef.go.kr/nw/nes/detailNesDtaView.do?searchBbsId=MOSFBBS_000000000028&menuNo=4010100&searchNttId=MOSF_000000000030204)

표 4를 보면 한국은 2019년 기준 13위로, 141개국 중 전년 대비 2계단 상승했다. 거시 경제 안정성, ICT 보급, 인프라, 보건 등 기본 환경과 4차 산업혁명 등에 대비한 혁신 역량이 우수한 것으로 평가받았다. 이를 두고 경제기사는 제목을 이렇게 뽑았다.

- 한국 국가경쟁력 2계단 상승한 세계 13위 기록

  – ○○○, 2019.10.09

- 13위로 오른 韓 국가경쟁력…노동 유연성은 97위

  – ○○경제, 2019.10.09

- 한국 국가경쟁력 13위… 노동·정부 규제 하위권

  – ○○비즈, 2019.10.10

　기사 제목만으로도 우리는 현재 우리나라의 경제 상황을 알 수 있다. 여기에서 우리가 눈여겨봐야 하는 것은 국가경쟁력이 상승했어도 국민 노동 시장은 다소 낮은 평가를 받았다.

　국가경쟁력 평가는 제도, 인프라 외에 보건, 노동 시장, 금융 시스템, 시장 규모, 기업 역동성 등을 다각도로 평가한다. 그래서 13위는 일종의 종합 순위이며, 개별지표로 따졌을 때는 결과가 달라진다는 뜻이기도 하다. 무작정 순위가 올랐다고 칭찬하는 것보다는 개선해야 할 부분도 잘 살펴보는 것이 중요하다.

· 08 ·

경제지표를
읽다

📖 유량과 저량

경제지표를 구분하는 방법 중 하나로 유량과 저량이 있다. 유량은 흐름^{flow}의 개념으로, 일정 기간에 측정되는 것을 기준으로 삼는다. 대표적으로 생산, 국민소득, 국제수지, 수출입액 등을 들 수 있다.

저량은 특정 시점으로, stock의 개념이다. 통화량이나 외환보유액, 인구수, 금융자산, 부채 잔액 등을 들 수 있다. 만약 시간당 10L씩 물을 담아 100L를 채웠다고 가정할 때 10L는 유량, 100L는 저량에 해당한다.

| 그림 2 |

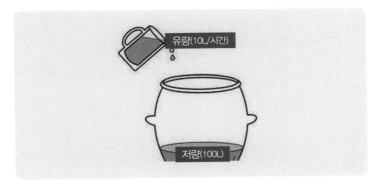

▲ 유량과 저량

📖 기준시점과 비교시점

기준시점은 비교의 기준이 되는 시점을 말하는데, 아래 기사에서 밑줄 그은 부분을 보면 코스피지수가 여기에 해당한다.

[마감 시황] 코스피, 7거래일 만에 상승 마감

○ ○ ○ 오늘, 2019.03.11

코스피지수가 개인과 기관의 동반 매수에 힘입어 상승 마감했다.

코스피지수가 상승세로 장을 마친 것은 7거래일만이다. 11일 한국

거래소에 따르면 코스피지수는 전 거래일(2137.44) 대비 0.66포인

트(0.03%) 오른 2138.10에 거래를 마쳤다. 코스피지수는 전날보다 2.85포인트(0.13%) 오른 2140.29에 개장한 후 등락을 반복하다 장 막판 강보합세로 장을 마감했다. …(하략)…

$$코스피 = \frac{비교시점\ 시가총액}{기준시점\ 시가총액} \times 100$$

코스피는 1983년부터 시가총액방식으로 산출해 공식 발표되었다. 시가총액방식 주가지수는 1980년 1월 4일 기준 상장종목 전체의 시가총액을 100으로 봤을 때 현재 상장종목들의 시가총액이 어느 수준에 있는지를 보여 주는 지표이다.

시가총액방식으로 산출된 코스피는 1983년 1월 4일 122로 출발했다. 현재 코스피가 2138.10이라는 것은 코스피 규모가 약 21배 커졌다는 뜻이다. 다만 증자나 신규상장 등 주식 수가 늘어나는 부분을 감안해 일부 보정 작업을 거친다.

비교시점은 기준시점에 대비되는 개념으로 보면 된다. 경제 기사에서는 직전 달 비교를 '지난달 대비', 지난해 12월은 '전년 말 대비', 지난해 동월은 '전년 같은 달 대비'라고 한다.

2019년 3월을 놓고 봤을 때 지난달 대비는 2019년 2월, 전년

말 대비는 2018년 12월, 전년 같은 달 대비는 2018년 3월이다.

그래프 8은 소비자물가지수와 증감률을 나타내고 있다. 왼쪽에 전월비 %, 오른쪽에 전년 동월비 %가 있어, 한눈에 파악하고 비교할 수 있다.

| 그래프 8 |

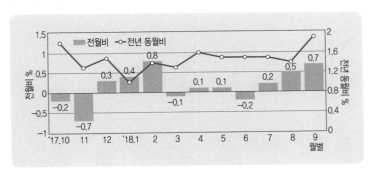

▲ 소비자물가지수 추이

출처 : 통계청(http://kostat.go.kr/incomeNcpi/cpi/cpi_td/2/1/index.action?bmode=cpidtval)

📖 시기적 특수성

국제수지國際收支란 한 국가가 외국과 일정 기간에 주고받은 모든 거래를 기록한 것을 말한다. 국제수지는 재화와 서비스를 나타내는 경상수지經常收支, 자본의 이동을 나타내는 자본수지資本收支로 구분한다. 수출을 중심으로 하는 우리 경제에서 경상수지는 매우 중요하다.

2019년 4월 경상수지가 적자를 기록하면서 경제 부진에 따른 우려의 목소리가 제기됐다. 일시적 현상이라는 입장과 정책 개편이 필요하다는 입장이 엇갈리고 있는데, 결론부터 말하면 모두 적절한 해석이다. 이를 이해하려면 시기적 특수성을 알아야 한다.

| 그래프 9 |

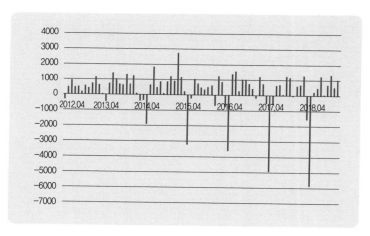

▲ 본원소득수지 추이(2012.01~2018.12)

출처: e나라지표

경상수지는 상품수지商品收支와 서비스수지service 收支, 본원소득수지本源所得收支와 이전소득수지移轉所得收支로 구성된다. 규모만 따지면 상품수지와 서비스수지가 압도적이다.

　여기에서 주목할 만한 것은 본원소득수지인데, **그래프 9**를 보면 매년 4월마다 큰 적자 폭을 보이는 것을 알 수 있다. 외국인 투자자 배당이 이때 이뤄지기 때문이다. 이런 특수한 요인을 감안하더라도 위기의식을 가질 필요가 있으므로 우리는 수출품목 다변화, 경제 체질 개선 등 중장기적 대책을 마련한 후 실행해야 한다.

📰 p와 r

경제지표를 읽다 보면 종종 해당연도 뒤에 'p'나 'r'이 붙은 것을 볼 수 있다. p는 잠정치^{preliminary figures}로, 기초 통계가 완비되지 않은 상태에서 잠정적으로 발표할 때 쓴다. r은 수정치^{revised figures}로, 기초 통계를 수정한 것이다. 그 외 확정치^{final figures}가 있는데, 이것은 기초 통계가 완비된 상태에서 작성한 통계 수치이다.

> **美 3분기 GDP 성장률 수정치 3.3%⋯잠정치 3% 웃돌아**
>
> ○○경제, 2017.11.29
>
> 미국의 지난 3·4분기 국내총생산(GDP) 성장률 수정치가 전년동기

대비 3.3% 상승(연율 기준)한 것으로 집계됐다. 소비는 줄었지만 재고 및 설비 투자가 증가해 3년 만에 가장 빠른 속도로 상승했다. …(중략)… 이는 앞서 발표된 잠정치 3%보다 0.3%포인트 높은 수준이다. …(중략)… 미 상무부는 매 분기가 끝나면 한 달 후 잠정치를 시작으로 다음 달 수정치, 그다음 달 확정치 순으로 GDP를 세 번 발표한다.

같은 경제지표를 몇 차례에 걸쳐 발표하는 이유는 잠정치를 통해 경제 상황 전반을 보다 빨리 파악할 수 있기 때문이다. 실제로도 중대 사건이나 천재지변이 발생하지 않는 이상 잠정치와 확정치의 오차 범위는 넓지 않은 것이 일반적이다.

이상한 수출 통계…매번 숫자 더 나쁜 확정치

○○경제, 2019.05.04

산업통상자원부가 며칠 전 4월 수출 실적을 발표했습니다. 작년 같은 기간보다 2.0% 감소했지요. 작년 12월(-1.7%)부터 5개월 연속 줄어든 겁니다. …(중략)… 그런데 매달 1일 발표하는 잠정치와 15일 공개하는 확정치를 비교해 보니, 적지 않은 차이가 나더군요. …(하략)…

대개 경제기사를 읽을 때 숫자에만 주목하지, 잠정치인지 확정치인지까지 따져보진 않는다. 그래서 잠정치로 기사화되면 확정치에 대한 관심은 줄어들기 마련이다. 같은 관점에서 위 기사는 수출 통계에 대한 문제점을 지적하고 있다.

아래는 산업통상자원부의 해명자료 중 일부이다. 양측 기사를 함께 읽어 보면서 앞에 나온 기사와 내용을 비교하며 정리해 보자.

수출 잠정치·확정치, 통계적 오차 발생…차이는 미미

2019.05.07

…(전략)… 수출 잠정치와 확정치 차이는 ① 일부 수출 기업들이 수입국과 세부 일정 변경 등에 따라 통관을 취소 또는 연기하는 경우, ② 달러화를 원화·유로화·엔화 등으로 통화 표시를 오류 기재함에 따라 이를 바로 잡는 과정에서 발생함. 다만, 두 수치 간 차이는 크지 않으며('16.1∼'19.3, 잠정치 대비 확정치는 △0.27% 차이), 다음 달 보도자료에 전월 확정치를 반영하여 발표함 …(하략)…

경제에서 통계는 신호이면서 나침반 역할을 한다. 정확한 통계가 늦게 나오는 것보다 조금 부족한 통계일지라도 제때 나오

는 것이 더 낫다는 뜻이다.

경제기사를 읽을 때는 잠정치로 전망하되, 자신의 입장을 밝힐 때는 확정치를 찾아보는 습관이 필요하다.

09

같은 수치,
다른 느낌

📖 눈금에 주목하다

그래프 10을 보면 왼쪽 그래프와 오른쪽 그래프가 같은 수치를 나타내고 있다. 연도별로 살펴보면 6년 사이에 서울 지역 아파트 매매 가격은 두 배 가까이 올랐다. 왼쪽 그래프는 상승 추이가 눈에 띌 정도인 것에 비해 오른쪽 그래프는 비교적 완만해 보인다. 이렇게 같은 표현이더라도 그래프의 눈금을 어디에 놓느냐에 따라 시각적 차이가 있다.

| 그래프 10 |

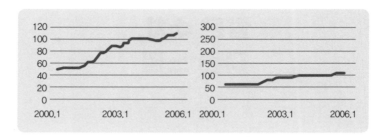

▲ **서울 지역 아파트 매매 가격 지수**(2003년 9월=100)

출처: 한국은행

표 5는 A~D 상품의 가격 상승분을 나타내고 있다. 같은 값이라도 그래프를 어떻게 그리는가에 따라 해석이 달라진다.

| 표 5 |

구분	A	B	C	D
가격 상승분(%)	8	7	6	5.5

▲ **상품별 가격 상승분**(기준, 우선주 제외)

출처: 네이버 금융 2019.03.11

그래프 11을 보면 그래프의 중요성이 더 뚜렷하게 나타난다. A 상품과 D 상품을 아래 막대그래프처럼 그려 놓으면 칸의 차이가 커서 그 둘의 가격 상승분 차이가 마치 6배 정도 나는 것으로 해석할 수 있다. 하지만 실제로는 이 두 상품의 가격이 비슷하다. 이렇게 그래프의 표현법에 따라 자칫 정확하게 판단하기 어려울 수 있으니 우리는 그래프를 볼 때 숫자보다 눈금에 주목해야 한다.

| 그래프 11 |

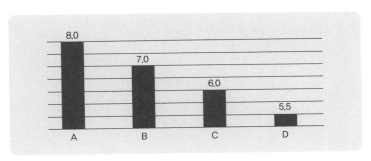

▲ A~D 상품의 가격 상승분

출처: 한국은행(https://www.bok.or.kr/portal/bbs/B0000219/view.do?menuNo=200148&nttId=236223)

📖 명목과 실질

명목과 실질을 구분할 때 자주 쓰는 지표로는 GDP가 있다. 명목 GDP는 해당 연도 가격과 해당 연도 수량을 곱해 구한다. 반면 실질 GDP는 당해연도 가격이 아닌, 기준 연도 가격에 해당 연도 수량을 곱한다.

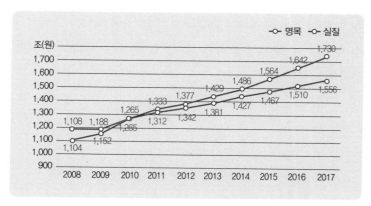

▲ 명목 GDP와 실질 GDP 추이

출처: 한국은행

그래프 12를 보면 2010년의 명목 GDP와 실질 GDP 값이 같
다. 즉 이 표는 2010년이 기준으로 한 것이라는 뜻과 같다. 이
후 명목 GDP와 실질 GDP 간격이 점차 벌어지는데, 이는 물가
변동을 고려한 결과이다.

여기에서 주의해야 할 점이 있는데, 명목 GDP를 기준으로
할 때 기준 연도 대비 가격변동분과 수량변동분 간에 이중으로
계산될 수 있다는 점을 기억해야 한다. 기준 연도와 비교할 때
해당 연도의 가격과 수량이 변동할 수 있기 때문이다. 그러나
실질 GDP를 기준으로 하면 기준 연도의 가격만을 고려하므로
기준 연도 대비 수량변동만을 반영한다.

| 표 6 |

구분	가격	수량	명목 기준	실질 기준 (2015년 기준)
2015년	① 100	② 100개	①×②=10,000	①×②=10,000
2019년	③ 110	④ 100개	③×④=11,000	①×④=10,000
증감률	10%	0%	10%	0%

▲ 가격만 변동했을 때

출처: 한국은행

(https://www.bok.or.kr/portal/bbs/B0000219/view.do?menuNo= 200148&nttld=236217)

표 6은 수량변동 없이 가격만 10% 상승한 상황을 보여준다. 해당 연도(2019년) 가격 110에 수량 100을 곱한 생산액 11,000(명목)은 기준 연도 10,000보다 10%만큼 크다. 수량에는 아무런 변화가 없는데 값이 늘어나서 경제도 성장한 것인지 알수 없다. 이렇듯 명목 GDP를 기준으로 하면 가격변동분의 영향을 받아 경제의 후생 수준을 정확히 나타내지 못한다는 단점이 있다.

| 표 7 |

구분	가격	수량	명목 기준	실질 기준 (2015년 기준)
2015년	① 100	② 100개	①×②=10,000	①×②=10,000
2019년	③ 110	④ 125개	③×④=11,000	①×④=12,500
증감률	10%	25%	37.5%	25%

▲ 가격과 수량 모두 변동했을 때

출처: 한국은행

(https://www.bok.or.kr/portal/bbs/B0000219/view.do?menuNo= 200148&nttld=236217)

표 7처럼 명목 GDP를 기준으로 하면 무려 38% 가까이 후생 수준이 나아진 것으로 착각할 수 있다. 그러나 실질 GDP로 따져보면 25%에 그치지만, 가격변동을 제외해도 수량이 증가했기 때문에 후생 수준은 분명히 커졌다는 것을 알 수 있다.

- 1분기 경제성장률 1.1%로 순항…수출 호조·기저효과

  — ○○뉴스, 2018.04.26

- 3분기 경제성장률 0.6%·실질 국민 총소득 0.7%↑

  — ○○신문, 2018.12.04

- 작년 경제성장률 2.7%…6년 만에 최저 — ○○비즈, 2019.01.22

우리는 경제기사에서 '올해 경제성장률 ~%로 전망'과 같은 표현을 자주 볼 수 있다. 경제성장률은 실질 GDP를 기준으로 한다. 물론 해당 연도의 경제 규모를 파악하려면 명목 GDP도 필요하다. 그래야 각 지표가 쓰임에 맞게 제대로 쓰였는지 따져 볼 수 있다.

📑 원계열과 다른 요인들

원계열$^{original series}$이란 통계에 아무런 수정을 가하지 않은, 조사된 그 자체 수치를 말한다. 이러한 원계열은 다시 추세변동요인$^{T, trend variation}$, 순환변동요인$^{C, cyclical variation}$, 계절변동요인$^{S, seasonal variation}$, 불규칙변동요인$^{I, irregular variationl}$으로 구분한다.

추세변동요인은 일정한 방향을 갖는다. 예로 GDP를 들어보자. 여기에는 인구 증가나 생산성 향상이 해당한다.

순환변동요인은 상승과 하락을 가져오는 요인이다. 일반적으로 경제는 호황과 불황을 반복하는데, 여기에서 변동을 말한다.

계절변동요인은 1년을 주기로 나타나는 변동이다. 분기별 영업일 수 차이, 농산물 수확 시기 등을 떠올리면 된다.

위 세 가지에 해당하지 않는 요인을 불규칙변동요인이라고 한다. 특정 사건이나 자연재해 등이 여기에 속한다.

그래프 13은 원계열과 계절변동조정계열$^{\text{seasonally adjusted series}}$에 따른 국내총생산을 나타내고 있다. 계절변동조정계열이란 원계열의 통계 수치에서 1년의 주기를 갖는 계절변동요인(S)을 제거한 것인데, 국내총생산과 같이 계절변동요인이 큰 경제 통계를 분석할 때 원계열의 전기 대비 증감률을 이용하면 오류를 범하기 쉽다.

| 그래프 13 |

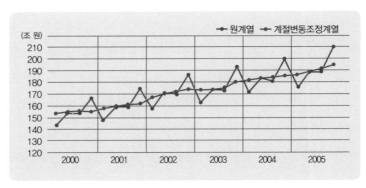

▲ 분기별 실질 국내총생산 추이

출처 : 한국은행

(https://www.bok.or.kr/portal/bbs/B0000219/view.do?menuNo=200148&nttId =236216)

또 원계열의 1/4분기 국내총생산은 전년 4/4분기 대비 감소, 4/4분기는 3/4분기에 비해 매우 증가했다는 것을 알 수 있다. 이를 두고 '경제가 1/4분기에는 침체되었다가 4/4분기에 호황을 보였다'고 할 수 있을까.

이러한 이유로 계절변동요인이 큰 경제 통계의 전기 대비 변동 분석할 때는 계절변동조정계열을 사용한다. 그러면 국내총생산은 1/4분기에 감소하고 4/4분기에 많이 증가하는 계절변동요인이 제거되어 완만하게 증가함을 알 수 있다.

| 그래프 14 |

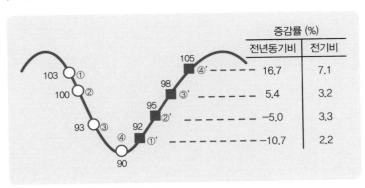

▲ 전년동기비와 전기비에 따른 증감률 변화

경기가 전환 국면에 있을 때는 주의해야 한다.

그래프 14를 보면 ①~④는 분명 전기비 상승 추세다. 경기 회복 국면이라는 뜻이다. 그런데 전년동기비로만 따진다면 오히려 ①은 약 10% 감소(103% → 92%)한 침체 국면으로 해석할 수 있다. ②도 마찬가지다. 경기가 회복세에 있음에도 전년동기비만 따질 경우 경기를 제대로 분석하지 못한다는 뜻과 같다.

10

수입 맥주 4캔에 담긴
만 원의 비밀

📰 폭염이 낳은 전기료 폭탄

2018년 8월, 기록적인 폭염이 이어지면서 사람들은 냉방 기기에 의존하며 간신히 여름을 보냈다. 계속된 폭염으로 인해 전기 사용량이 급증했고, 일부 가구는 전기료 폭탄을 맞았다. 이에 정부는 특단의 대책을 발표한다. 7~8월간 가정용 전기 요금의 누진 구간을 일시적으로 올려 전기 요금을 지원해 주기로 한 것이다.

4인 가구 전기 요금 월 2만 원 줄어든다

○○○○뉴스, 2018.08.07

올여름 최악의 폭염에 주택용 전기 요금이 한시적으로 인하된다. 주택용 전기 요금에만 적용되는 누진제 구간의 상한선을 각 100kWh 늘려 전기 요금을 줄이는 방식이다. 아울러 사회적 배려 계층의 전기 요금 복지 할인을 30% 늘리고 '출산 가구' 요금 할인도 '3년 이하 영유아'가 있는 가구로 확대한다. …(하략)…

누진제란 전기 사용량에 따라 요금의 단가를 높이는 제도를 말한다. 누진제를 정확하게 이해하려면 우선 전기 요금 부과 방식부터 알아야 한다.

전기 요금은 기본요금과 전력량 요금으로 구분한다. 여기에 부가 가치세 10%와 전력 산업 기반 기금 3.7%가 추가된다.

| 표 8 |

기본요금(원/호)		전력량 요금(원/kWh)	
2000kWh 이하 사용	910	처음 200kWh까지	93.3
201~400kWh 사용	1,600	다음 200kWh까지	187.9
400kWh 초과 사용	7,300	400kWh 초과	280.6

▲ **주택용 전력(저압) 요금표** * 적용 일자: 2018년, 2019.7.1. 이전 요금임을 감안

출처: 한국전력공사(http://cyber.kepco.co.kr/ckepco/front/jsp/CY/E/E/CYEEHP00301.jsp)

2019년 3월 한 달간 250kWh의 전기를 사용했다고 가정하자. 대가족 요금이나 복지 할인 요금 등을 적용받지 않는다고 할 때 요금은 **표 9**와 같다.

| 표 9 |

기본요금(원 미만 절사)	1,600원
전력량 요금(원 미만 절사)	28,055원 – 1단계 : 200kWh × 93.3원 = 18,660원 – 2단계 : 50kWh × 187.9원 = 9,395원
전기 요금계(기본요금 + 전력량 요금)	1,600원 + 28,055원 = 29,655원
부가 가치세(원 미만 4사 5입)	29,655원 × 0.1 = 2,966원
전력 산업 기반 기금(10원 미만 절사)	9,655원 × 0.037 = 1,090원
청구 금액(전기 요금계 + 부가 가치세 + 전력 산업 기반 기금)	29,655원 + 2,966원 + 1,090원 = 33,710원 (10원 미만 절사)

출처: 한국전력공사(http://cyber.kepco.co.kr/ckepco/front/jsp/CY/E/E/CYEEHP00101.jsp)

만약 사용한 전기량이 400kWh를 초과하면 어떻게 될까. 전기 요금은 누진제로 계산되므로 기본요금과 전력량 요금 모두 높아지며, 경우에 따라 사용량은 2배 정도 늘면 요금은 그 이상 폭증할 수 있다는 뜻이기도 하다.

📰 기름값 절반이 세금이라고?

휘발유나 경유 등 일부 석유 연료에 붙는 세금을 유류세라고 한다. 이것은 유류 소비를 줄이기 위한 세금인데, 여기에는 교통·에너지·환경세, 교육세, 주행세 등이 포함된다.

　유류세는 원유 가격에 따라 세액이 결정되는 종가세가 아닌, 사용량에 따라 세액이 결정되는 종량세 방식이다. 그래서 국제 유가가 하락해도 유류세 비중은 높아진다. **표 10**을 보면 항목마다 포함된 세액을 알 수 있다.

| 표 10 |

항목	휘발유		경유	
수입 원가(국제 휘발유/국제 경유)	372.56원	27.56%	330.99원	29.55%
공장도 가격(세전 정유사 출고 가격)	431.76원	31.94%	433.58원	38.71%
관세(현지 가격x3%)	11.18원	0.83%	9.93원	0.73%
수입 부과금(16.00원)	16.00원	1.18%	16.00원	1.43%
정유사 유통 비용 {출고가-(수입 원가+관세+수익 부담금)}	32.02원	2.37%	76.66원	6.84%
공장도 가격(세금 포함)	1,295.93원	95.87%	1,059.08원	94.55%
교통 에너지 환경세 (휘발유 529.00원/경유 375.00원)	529.00원	39.13%	375.00원	33.48%
개별소비세	0.00원	0.00%	0.00원	0.00%
교육세(교통세/개별소비세x15%)	79.35원	5.87%	56.25원	5.02%
주행세(교통세x26%)	137.54원	10.17%	97.50원	8.70%
부가세 {(세전 정유소가+유류세+판매 부과금)x10%}	118.28원	8.75%	96.23원	8.59%
주유소 판매 가격	1,351.81원	100.00%	1,120.18원	100.00%

주유소 유통 마진	50.80원	3.76%	55.55원	4.96%
부가세(유통 마진x10%)	5.08원	0.38%	5.55원	0.50%
전체 세금	896.43원	66.31%	656.47원	58.60%

▲ 2016년 3월 오피넷 기준 유종별 세액

출처: 한국납세자연맹 (http://www.koreatax.org/tax/chancar/chancar_tax_6.php)

휘발유 기본 세율은 리터당 475원이다. 하지만 탄력 세율^{정부}**가 법으로 정한 기본 세율을 경제 여건에 따라 탄력적으로 변경해서 운영하는 세율**을 적용해 리터당 529원을 부과한다. 여기에 교육세 79원과 주행세 138원이 붙는다. 모두 더하면 휘발유의 유류세는 총 746원이다.

10년 만의 유류세 인하, 휘발유 L당 123원 싸진다

○○투데이, 2018.10.24

유류세가 다음 달 6일부터 6개월 동안 15% 내려간다. 글로벌 금융위기가 있었던 2008년 이후 10년 만의 유류세 인하. 휘발유 50L를 주유할 경우 기름값은 6,150원을 덜 내게 된다. …(하략)…

정부는 유가 상승, 내수 부진 등으로 어려움을 겪고 있는 영세 자영업자와 시민 등의 부담 완화를 위해 유류세를 15% 인하하겠다고 밝혔다. 정부의 대책은 한시적이긴 하나 2조 원가량의 세수를 포기하는 과감한 결정이다.

반론도 존재한다. 유가 상승세가 지속되면 유류세 인하 효과가 크지 않을 것이라는 이유에서다. 실제로 약 10년 전인 2008년에도 유류세를 10% 내렸지만, 국제 유가가 상승하며 큰 효과를 얻지 못했다. 그 외 이번 유류세 인하가 실제 주유소 가격 하락으로 이어지기까지는 시간이 걸릴 것이라는 의견도 있다.

📖 수입 맥줏값에 담긴 비밀

수입 맥주 가격이 낮아지면서 주세酒稅를 개편해야 한다는 목소리가 높다. 주세란 주류를 대상으로 한 세금으로, 우리나라는 종가세 방식을 따른다. 술의 가격에 비례해 세금을 책정한다는 뜻이다. 반면 종량세는 알코올 도수와 양을 기준으로 한다.

우리가 손쉽게 찾는 맥주를 예로 들어 보자. 국산업체는 맥주의 제조 원가에 판매 관리비와 예상 이윤 등이 포함된 제조장 출고 가격을 과세 표준으로 하지만, 수입업체들은 수입 신고가격에 관세를 더한 금액이 과세 표준이다. 그래서 수입업체가 수입 가격을 낮게 신고하면 그만큼 더 싼 가격에 맥주를 팔 수 있다.

| 표 11 |

구분	과세 표준	주세(72%)	교육세 (주세 30%)	부가 가치세 (10%)	판매 가격
국산 맥주	1,500원	1,080	324	290.4	3,194원
수입 맥주	1,000원	720	216	193.6	2,130원

▲ **국산 맥주와 수입 맥주의 과세 구분표**

(원가는 1,000원으로 동일. 국산 맥주는 판매 관리비 300원, 예상 이윤 200원 가정 /
수입 맥주는 편의상 통관 시점 1,000원 가정)

출처: 조세일보(http://m.joseilbo.com/news/view.htm?newsid=271043#_enliple)

　최근 정부가 주세법 개편을 논의하면서 국내 주류업계의 반
응은 엇갈리고 있다. 정부는 매년 물가 연동에 맞추되, 맥주와
막걸리부터 우선 적용하기로 발표했다. 소규모 수제 맥주 업체
는 이번 개편에 따라 세 부담이 줄어들 것을 예상해 환영한다
는 입장이다. 반면 소주 업계는 주류 도수가 높아 특성상 가격
인상이 불가피함을 우려하고 있다. 또 저가 캔맥주는 가격이
일부 상승하고 프리미엄 캔맥주는 가격 인하를 기대하고 있어
소비자의 선택 폭이 다양해질 것으로 예상한다.

제3장

알아 두면 유용한
경제상식

11

주가 상승은
왜 빨간색일까?

📖 직접표시와 간접표시

환율을 표시하는 방법으로는 직접표시법, 간접표시법이 있다.
이것을 나누는 기준은 자국 통화를 어디에 두느냐에 있다. 만
약 1달러가 1,110원에 거래된다고 했을 때 '1달러＝1,110원
(USD/KRW)'이면 직접표시법이고, '1원＝1/1,110달러(KRW/
USD)'이면 간접표시법이다.

6개월여 만에 최저…원·달러 환율 어디까지 떨어질까

원·달러 환율이 6개월여 만에 최저치로 떨어진 가운데 추가 하락 가능성에 관심이 쏠린다. …(중략)… 4일 서울 외환시장에서 원·달러 환율은 전 거래일 대비 5.4원 내린 1105.3원에 거래를 마감했다. …(하략)…

　　보통 경제기사에서 환율을 말할 때 '원·달러 환율이 ○○○ 원'과 같이 쓴다. 그런데 원·달러 환율은 원을 기준으로 하는 표시법이다. 그래서 1,105.3원이 아닌 1/1,105.3원이라고 해야 옳다. 1,105.3원이라고 하려면 원·달러 환율이 아닌 달러·원 환율이라고 해야 되기 때문이다.

　　올바른 표시법이 아님에도 이렇게 쓰는 이유는 뭘까. 그 이유는 생각보다 단순하다. 국가 정서를 고려해 실제 값은 달러·원 환율을 따르지만, 표기는 원·달러 환율로 쓰기 때문이다. 즉 자국 통화를 미국 통화 앞에 놓는다.

🔖 나라마다 선호하는 색깔

주식시장에서는 빨간색을 선호하는 경향이 있다. 증권사나 관련 업종에서 일하는 사람들이 빨간색 넥타이를 자주 매거나 빨간색이 들어간 물건 등을 쓰는 것이 대표적인 예이다.

주식시장에서 빨간색은 주가 상승을, 파란색은 주가 하락을 나타낸다. 그래서 차트를 볼 때 빨간색과 파란색으로 된 주가의 움직임을 보면 그날의 주식 시세는 물론 어느 종목이 인기 있는지 쉽게 알 수 있다.

그러나 미국은 우리와 정반대다. 주가 상승이 파란색이고, 주가 하락은 빨간색이다. 영국이나 독일, 프랑스도 마찬가지다. 그만큼 파란색을 좋게 생각한다는 뜻이다. 블루칩이나 블루오션 같은 말을 쓰는 것도 비슷한 맥락이다. 이런 차이는 어디에서 오는 걸까.

이것에 대한 명확한 해석은 없다. 다만 동양권에서 빨간색을 선호한다는 설이 유력하다. 가까운 일본은 국기부터가 빨간색이다. 그러니 주가 하락을 빨간색으로 표시할 리 없다. 또 중국은 전통적으로 빨간색이 행운을 상징한다.

한국은 일제강점기를 겪다 보니 부득이하게 주식 상승을 빨간색으로 표시했다는 설이 있다. 그것과는 무관하게 국민 정서에 비춰 봤을 때, 빨간색을 상승으로 표시하는 것이 적절하다. 국기 문양인 태극도 빨간색이 위에 있고 파란색이 아래에 있기 때문이다.

 경착륙과 연착륙

출구 전략은 본래 군사 용어로, 베트남 전쟁 당시 미군이 피해를 최소화하며 철수하는 과정에서 유래됐다. 하지만 경제에서는 경기 부양을 목적으로 취했던 완화 정책을 거두어들이는 전략을 설명할 때 쓰곤 한다.

출구 전략의 사례로는 일본을 들 수 있다. 전후 급속한 경제 성장을 거듭하던 일본은 1980년대 들어 세계 2위 경제 대국으로 급부상하게 된다. 반대로 미국은 전쟁에 따른 여론 악화, 석유 파동, 스태그플레이션 등 악재가 계속되던 상황이었다.

결국 1985년 미국, 영국, 프랑스, 서독, 일본 재무장관과 중앙은행장들이 미국 뉴욕에 있는 플라자 호텔에 모여 달러화 약세를 유도하기로 한다. 우리에게는 플라자 합의로 알려진 그 사건이다. 플라자 합의는 사실상 경쟁국의 환율을 압박해 수출 경쟁력을 올리겠다는 것과 다를 바 없었다.

갑작스러운 엔화 가치 상승에 무역 조건이 악화된 일본은 경기 부양을 위해 금리 인하와 부동산 완화 정책이라는 카드를 꺼내 들었다. 하지만 시중에 유입된 자금이 지나친 거품으로 번지자, 다급해진 일본 정부는 다시 금리를 인상한다. 이 과정에서 급격하게 금리 인상을 진행하다 보니 결국 거품 붕괴로 이어져 일본 경제는 혼란에 빠지게 되었다.

경제정책에서는 방향만큼이나 속도도 중요하다. 아무리 옳은 정책이라 할지라도 속도가 빠르면 경기의 변동성이 커지고, 그 과정에서 예상치 못한 위험에 노출될 수 있다. 그래서 경제는 안정적이면서도 지속적이어야 한다. 이것이 바로 경착륙이 아닌, 연착륙을 강조하는 이유이다.

블랙 컨슈머와 블루슈머

같은 소비자라도 어떤 행동을 보이는가에 따라 소비자를 평가하는 용어가 다르다. 고의로 제품을 파손하거나 규정에 없는 환불, 무리한 보상을 요구하는 소비자는 블랙 컨슈머[Black Consumer]라고 부른다. 반대로, 잠재력을 갖춘 시장의 소비자는 블루오션과 컨슈머를 합쳐 블루슈머[Bluesumer]라고 한다.

모바일 쇼핑의 큰 손 5060 '블루슈머를 잡아라'

○○○○신문, 2018.09.03.

…(전략)… 스마트폰 사용이 점차 늘어나고 과거에 비해 여유로워진 5060세대는 이제 국내 온라인 시장, 모바일 시장의 핵심 고객 세

대로 변화하고 있다. 특히 시간과 경제적 여유가 생기고 미용, 패션 여행 등 소비를 즐기기 시작한 5060 여성 소비자의 경우 '어번그래니족(Urban 도시+Granny 할머니 합성어)'이라 불리며 모바일 쇼핑몰은 물론 소셜 커머스와 공동 구매, 해외 직구에도 큰 관심을 보이고 있다. 이에 따라 온라인 및 모바일 쇼핑 업체도 앞다퉈 5060세대가 관심을 가질 만한 '탈모 샴푸', '커피메이커', '안마/운동기구' 등 각종 기획전을 통한 프로모션을 진행하고 있는 모습이다. …(하략)…

시장 경제의 한 축을 담당하는 소비자인 만큼 이를 설명하는 용어도 많다. 남들과 달리 자신만의 레시피로 소비하는 모디슈머Modisumer, 소비 과정에서 재미를 추구하는 펀슈머Funsumer, 다른 사람의 구매 경험을 참고해 결정하는 트윈슈머Twinsumer 등이 대표적이다.

신조어가 많아진다는 것은 그만큼 소비 유형이 다양해졌다는 뜻이고, 동시에 경제 환경도 발전했음을 의미한다. 빅데이터, 클라우드 서비스 등 4차 산업혁명의 기술 발전이 현실화됨에 따라 개별소비자를 위한 맞춤형 서비스가 확대될 것으로 예상된다.

· 12 ·

OECD에서
IMF까지

📰 상황마다 다른 해석 방법

우리 경제가 일정 궤도에 오르면서 다른 국가의 경제 상황과 비교하는 일이 잦아졌다. 경제협력개발기구^OECD가 대표적이다. OECD는 가입국끼리 정책 협력을 통해 세계 경제 이바지하는 것이 목적인 기구로, 우리나라는 1996년에 가입했다.

대개 OECD라고 하면 선진국 모임으로 알고 있는 경우가 많은데, 꼭 그런 것은 아니다. 선진국이 되려면 경제뿐 아니라 교육 수준, 정치적 성숙, 삶의 질 등을 여러모로 따져 봐야 하기 때문이다. 그럼에도 불구하고 OECD 지표는 '선진국 경제지표'

라는 이미지가 강해서인지, 경제기사에서도 아래 제목처럼 자주 등장하는 편이다.

- OECD 출산율 꼴찌는 한국…유일한 '초저출산 국가'

  – ○○투데이, 2018.08.22

- 한국 소득분배도, 어떻게 계산해도 OECD 최하위권

  – ○○○, 2019.04.11

- 상의 "세계 최고 수준 65% 상속세율, OECD 평균으로 낮춰야"

  – ○○경제, 2019.05.21

특정 경제지표를 OECD 순위나 평균에 비춰 평가할 때는 해석에 주의해야 한다. 예를 들어 한국의 저출산·고령화가 심해졌다고 하자. 앞으로 이 부분에 재정 지출이 확대될 것은 분명하다. 그런데 'OECD 평균 재정 지출이 ○○%니 우리도 이만큼 맞춰야 한다'라는 논리로 문제를 해결할 수 있을까.

우리나라의 저출산·고령화 문제는 세계적으로도 가장 빠른 추세며, 무엇보다 현재 진행형이다. 반면 OECD 주요국은 이미 고령화 문제를 겪었고, 복지 제도 또한 어느 정도 마련된 상태다.

고령화를 대하는 각국 사람의 인식에도 차이가 있다. 단순히

우리나라 출산율이나 다른 나라의 출산율을 평균 데이터로 비교하는 것은 적절치 못하다는 뜻이다. 경우에 따라서는 오히려 평균을 넘어서는 세 부담을 감수해야 할지도 모른다.

OECD 지표를 참고하는 것은 필요하다. 하지만 어디까지나 참고에 그쳐야지 그대로 따르는 것은 적절하지 않고, 우리의 경제 상황에 맞는 보완 작업을 하는 것이 중요하다.

📑 WTO의 역할과 결정

WTO**World Trade Organization**는 세계 무역을 관리하는 국제 기구로, GATT**General Agreement on Tariffs and Trade, 1947년에 관세 차별 대우를 없애고자 각 국 대표가 제네바에서 모여 맺은 협정** 체제 이후 자유·공정 무역 기능을 강화하고, 국제 무역 질서 확립을 위해 출범했다. 또 WTO에서는 국가 간 무역 갈등이 발생했을 때 이를 중재하는 역할도 수행한다.

2011년 3월, 일본 후쿠시마 원전 사고가 발생하면서 일본인들의 불안감이 높아졌다. 그러자 일본과 가까운 우리나라에서는 후쿠시마 주변 수산물 수입 금지 특별 조치를 발표했다. 일본은 한국의 조치가 부당하다며 반발했고, 국제 기구 WTO에 제소하기에 이른다. 이때가 2015년이다.

이후 약 3년이 지난 2018년 2월, WTO는 후쿠시마산 수산물 수입 금지 조치는 한국의 수입 규제 조치가 적절하지 못했다며 일본의 손을 들어줬다. 한국은 상소의 뜻을 밝혔지만, 전망은 어두웠다. 전례에 비춰볼 때 1심 결과가 뒤바뀔 가능성이 낮았기 때문이다. 차라리 2심 패소를 받아들이고, 후속 대책을 논의하는 게 현실적이지 않겠냐는 지적마저 나왔다.

모두가 낙담하며 결과를 기다리던 순간, 제네바에서는 뜻밖의 희소식을 전했다. 한국의 손을 들어준 것이다. WTO는 2심 제도라 사실상 한국의 승리나 다름없는 결과였다. 언론은 이 사실을 대서특필했다. 반면 일본은 패소가 아니라며 맞받아쳤고, 오히려 WTO의 중재가 적절치 못했다고 주장했다. 1심 결과를 받아들이던 우리 모습과는 정반대였다.

日 막장 뒤끝…후쿠시마 패소하자 이번엔 WTO 때리기

○○일보, 2019.04.22

…(전략)… 일본 언론의 뜬금없는 'WTO 때리기'도 점입가경이다. 일본 최대 신문인 요미우리 신문은 사설에서 "WTO의 분쟁 처리 기능이 약화하고 있다"며 "상소 기구 재건을 포함해 WTO 개혁에 대해 각국과 연계해 대응해야 한다"라고 주장했다. …(중략)… 지난해 2월 한국이 패소한 1심 직후 "한국은 WTO 결정을 무겁게 받아들여야 한다"고 일제히 보도한 데서 180도 바뀐 '내로남불(내가 하면 로맨스, 남이 하면 불륜)'이다. …(하략)…

WTO의 이번 결정은 한국의 수입 금지 조치가 자의적 차별에 해당하지 않으며 부당한 무역 제한도 아니라는 점을 확인해 줬을 뿐이다. 일본 입장에서는 한국 정부에 개별적으로 수입 금지 해제를 요청하면 그만이다. 다만 한국의 행위가 국제통상법을 위반한 게 아니므로, 수입 금지 규제를 풀고 말고는 전적으로 한국의 결정에 달려 있다는 게 이번 결과다.

만약 이번 사태의 주인공이 한·일이 아닌 한·미라면 어땠을까. 일본이 지금처럼 입장 표명하는 것만으로 그치지는 않았을 것이다. 실제로도 트럼프 정부는 강력한 보호무역기조에 들어서면서 WTO 대신 국가 간 FTA**Free Trade Agreement, 자유무역협정**에 주력하는 모양새다. 일각에서는 예전에 비해 WTO의 유명무실화를 크게 우려하고 있다.

📖 한국 경제의 이전과 이후를 나누는 것

1997년, 외화 보유액이 바닥을 드러내면서 국가가 부도 위기에 직면했다. 이때 정부는 IMF에서 긴급 수혈을 받기로 한다. IMF 총재가 지켜보는 가운데 임창열 부총리와 이경식 한은 총재가 구제 금융 합의서에 서명했다.

가까스로 국가 부도는 막았지만, 후폭풍은 거셌다. "한국 경제는 IMF 이전과 이후로 나뉜다"는 말이 나올 정도로 뼈를 깎는 구조조정을 감내해야 했다. 결과적으로 기업 부도는 속출했고, 거리에는 실업자가 넘쳐났다. 다행히 조기에 외채를 상환했으나 그 후유증은 20여 년이 지난 지금까지도 남아 있다.

1997년 외환위기를 가리켜 'IMF 사태'라고 부르는데, 사실 앞뒤가 맞지 않는 표현이다. IMF가 경제위기를 가져온 것은 아니지만, 당시 IMF라는 낯선 이름이 우리에게 얼마나 충격적으로 다가왔는지를 단적으로 보여 준다. 지금도 경제지표가 악화되면 '제2의 IMF'라는 제목의 기사가 보도될 정도이다.

IMF는 가맹국 출자로 기금을 조성해 자금 수혈이 필요한 국가에 지원하는 역할을 수행한다. 또, SDR^special drawing rights, 특별인출권을 운용하고 있다. SDR을 보유하고 있으면 담보 없이 필요한 만큼 외화를 빌릴 수 있다. SDR 편입 유무에 따라 해당 화폐의 위상도 따져 볼 수 있으며 달러, 유로, 위안, 엔, 파운드가 속한다.

IMF, 韓 정부에 대규모 추경·완화적 통화 정책 권고

○○비즈, 2019.03.12

국제통화기금(IMF)이 한국 정부에 상당한 규모의 추가경정예산편성을 주문했다. …(중략)… IMF는 "한국 경제성장이 중단기적으로 역풍을 맞고 있어 정책 조치가 필요하다"면서 "재정 정책은 상당한 규모의 추가경정예산을 통해 더 확장적일 필요가 있고, 통화 정책은 명확히 완화적이어야 한다"라고 했다. 이어 "정부는 성장을 지원하기 위해 서비스 산업 규제 완화를 포함한 구조 개혁을 꾸준히 이행해야 한다"라고 덧붙였다. …(하략)…

그밖에 각국 경제정책에 대해서도 IMF가 의견을 제시한다. 국제 기구의 권고 사항이니 적극적으로 따라야 한다는 입장부터 권고는 권고일 뿐이라는 해석도 나온다.

📖 같은 목적을 가진 국가들

G20은 미국발 금융위기 이후 새로운 국제 금융이나 통화 질서 수립 필요성에 의해 출범했다. 회원국으로는 선진 7개국이자 G7인 미국, 영국, 프랑스, 독일, 이탈리아, 캐나다, 일본과 유럽 연합인 EU를 포함해 신흥 공업 경제 지역에 속하는 12개국인 한국, 아르헨티나, 오스트레일리아, 브라질, 중국, 인도, 인도네시아, 멕시코, 러시아, 사우디아라비아, 남아프리카공화국, 터키를 합한 20개국이 있다.

믹타MIKTA는 각 나라 이름의 첫 글자를 따서 만들었다. 멕시코, 인도네시아, 한국, 터키, 호주로 구성된 협의체로 2013년 공식 출범했다. 일류 선진국은 아니어도 각 지역에서 상당한 영향력을 가진 국가들로 구성된 것이 특징이다.

환태평양경제동반자협회인 TPP^{Trans-Pacific Strategic Economic Partnership}는 '최대 규모 지역 경제 통합체'로 요약할 수 있다. 처음에는 뉴질랜드, 칠레, 싱가포르, 브루나이 4개국으로 시작했지만 2008년 미국이 참여하면서 판이 달라졌다. TPP는 FTA와 유사하지만, 다자협상이라는 차이가 있다. 최근 미국의 입장 변화로 TPP의 전망은 다소 엇갈리는 모양새다.

역내포괄적경제동반자협정인 RCEP^{Regional Comprehensive Economic Partnership}란 아세안 10개국과 한·중·일 3개국, 호주, 뉴질랜드, 인도 총 16개국이 추진하는 자유무역협정으로, 우리 입장에서는 추가 시장 개방 효과를 기대할 수 있다. RECP는 TPP보다 4배 인구가 많지만, GDP만 따지면 TPP가 압도적이다.

그밖에 경제 연합체는 아니지만, 국가 간 모임을 가리키는 용어가 있다. 브릭스는 브라질, 러시아, 인도, 중국, 남아프리카공화국의 이름 앞머리를 따서 BRICS라고 한다. 브릭스에 가입한 나라는 모두 2000년대 이후로 빠른 성장세를 보이는 국가들이며, 이런 경제 용어들을 알아 두어야 기사 읽기가 쉽다.

· 13 ·

국가 경제를
이끄는 사람들

📖 케인스학파와 고전학파

최근 경제 상황을 두고 제기되는 여러 전망과 해법을 정확하게
이해하려면 케인스학파와 고전학파에 대해 알아 두어야 한다.

케인스학파는 20세기 영국의 경제학자 존 메이너드 케인스
John Maynard Keynes를 필두로 한다. 이 학파는 여러 경제학자가 방
임주의의 실패로 생긴 문제라고 생각하는 것들을 해결할 목적
으로 개발되었다. 고전학파는 경제사상사에서 최초의 근대 경
제 이론을 새로운 사회에 적용해 발전시킨 경제학의 부류로,
애덤 스미스**Adam Smith**, 데이비드 리카도**David Ricardo**, 존 스튜어트

밀^{John Stuart Mill} 등이 이 학파의 대표적인 학자이다. 고전학파에서는 시장의 원리를 중시하되 정부의 개입은 최소화에 그치며 경제 주체의 자유로운 활동이 보장되어야 한다고 보았다.

돌이켜 보면 케인스학파가 주목받던 시절이 있었다. 1930년대 세계 대공황부터이다. 미국의 뉴딜은 케인스학파의 대표 정책으로 소개된다. 하지만 오일 쇼크와 스태그플레이션**stagflation, 불황일 때에도 물가가 계속 오르는 현상** 이후 한계를 드러냈다. 반면 고전학파가 강세를 보였던 시기도 있다. 대처리즘**Thatcherism, 영국 경제를 재생시킨 마거릿 대처Margaret Thatcher 수상의 사회·경제정책을 통틀어 이름**과 레이거노믹스**Reaganomics, 미국 로널드 레이건Ronald Reagan대통령이 시행한 경제정책. 경제 활성화를 통해 힘에 의한 위대한 미국 재건을 목표로, 세출 삭감·소득세 인하·안정적인 금융정책 등을 실시함**로 대표되는 신자유주의가 대표적이다. 하지만 세계금융위기를 겪으며 현재는 위축된 상태다. 종합해 보면 역사 속 경제는 케인스학파와 고전학파 모두를 경험한 셈이다. 그런 관점에서 볼 때, '케인스학파는 좌파, 고전학파는 우파'라고 하는 것들은 지지부진한 논쟁일 수밖에 없다. 케인스학파라고 해서 정부 개입이라든지 분배만을 고집할 필요는 없으며, 고전학파라고 해서 성장과 시장 논리만 내세우는 것보다 경제 상황에 맞게 적절한 방안을 선택하는 것이 중요하다.

📚 한국 경제를 이끄는 세 학파

한국 경제에도 경제학파가 있다. 그 주인공은 서강학파와 학현학파다. 경제기사에서는 성장이냐 분배냐에 따라 두 학파를 구분한다.

서강학파는 1970~80년대 한국 경제를 이끌었던 서강대학교 출신 관료를 말한다. 서강학파에는 남덕우 前 총리, 김만제·이승윤 前 부총리 등이 대표 인물로 손꼽힌다.

학현학파는 서울대학교 변형윤 교수의 호를 땄으며, 변 교수는 진보·개혁적 성향으로 알려져 있다. 학현학파에는 이정우 前 청와대정책실장, 김태동 前 청와대경제수석, 김대환 前 노동부장관, 강철규 前 공정거래위원장 등이 있다.

또 조순학파가 있다. 대한민국 1세대 경제학자라 평가받는 조순은 미국 유학 후 서울대학교 경제학과에서 교수로 재직하며 수많은 제자를 양성했다. 정운찬 前 서울대 총장, 김중수 前 한국은행 총재, 박세일 前 서울대학교 교수, 김상조 前 공정거래위원장(現 청와대정책실장) 등 그가 양성한 많은 사람이 한국 경제 발전에 크게 기여했고, 지금도 사회 각층에서 활동하고 있다.

경제 진단 극과 극…

서강학파 "소주성은 오류", 학현학파 "더 속도 내야"

○○일보, 2019.05.09

문재인 정부 출범 2주년을 앞두고 국내 저명 학자들이 같은 주제로 전혀 다른 색깔의 주장을 펼친다. 하나는 성장을 중시하는 '서강학파'가 이끄는 서강대학교 남덕우 기념사업회의 '문재인 정부 2년, 경제를 평가하다' 토론회. 다른 하나는 균형 성장론을 내세우는 '학현학파'가 주축인 서울사회경제연구소의 '문재인 정부 2년, 경제정책의 평가와 과제' 심포지엄이다.

…(중략)… 토론회에서는 최저임금의 급격한 인상 등 소득주도성장 정책이 시장 경제와 고용 환경에 어떤 부작용을 일으켰는지 짚는다. 반면 심포지엄에서는 정부의 개혁 의지가 약해지면서 성과가 기대에 못 미친다는 평가가 나왔다. 서강학파가 소주성의 속도 조절을 위해 고삐를 늦출 것을 주문했다면, 학현학파는 반대로 더욱 속도를 내라며 채찍질을 하는 모양새다. …(하략)…

위의 기사에서 알 수 있듯이, 학파가 다른 만큼 경제정책을 해석하는 방식에도 큰 차이를 보인다. 다만 지금의 저성장·양극화 문제 해결은 두 학파 모두 공감하는 사안이다. 세부적인 방법이 다를 뿐이다.

📖 동물 이름을 딴 용어들

경제 용어에는 동물 이름을 딴 것이 있다. 상승세를 뜻하는 불마켓$^{Bull\ Market}$과 하락세의 베어마켓$^{Bear\ Market}$, 영국의 불도그 본드$^{Bulldog\ Bond}$와 중국의 판다 본드$^{Panda\ Bond}$가 대표적이다.

매파^{Hawks}와 비둘기파^{Doves}는 통화 정책과 관련 있는 용어이다. 매파는 긴축 정책을 중시한다. 경기 과열을 우려해 기준금리를 인상하고 물가 안정을 우선시한다. 반면 비둘기파는 완화 정책을 강조한다. 경기 부양을 목적으로 하며 기준금리를 내리자는 쪽에 가깝다.

기준금리를 결정하는 기관인 중앙은행 입장에서는 물가 안정과 경기 부양 모두 중요한 과제다. 이중 어디에 우선순위를 두느냐에 따라 매파와 비둘기파로 나뉜다고 보면 된다.

비둘기파 줄고, 늘어가는 매파…연준 '불확실성' 고조

○○○, 2018.03.01

…(전략)… 올해 연준은 투표권을 가진 지역연은 총재가 큰 폭 교체된다. 공석인 연준 부의장과 이사 2명에 어떤 인물이 임명되는지도 관건이다. 〈블룸버그〉가 산출한 투표 위원들의 평균 정책 성향 지수는 지난해 −0.6에서 올해 +0.1로 반전했다. 이 지수는 위원들 성향을 '강한 비둘기'(−2)~'강한 매'(+2)의 5단계로 분류해 평균한 값으

미국의 금리 결정이 전 세계에 미치는 영향력은 절대적이다. 그래서 그 결정 권한을 갖고 있는 연준 구성원들의 성향을 분석하는 기사가 종종 나온다. 참고로 재닛 루이즈 옐런**Janet Louise Yellen** 前 연방준비제도의장은 비둘기파, 후임인 제롬 파월**Jerome Powell**은 매파에 가깝다는 해석이 나온다. 전 세계가 연준에 주목하는 이유가 바로 성향 차이이다.

한국은 금융통화위원회(줄여서 금통위)에서 기준금리를 결정하기 때문에 금통위 위원의 성향이 어떠한지가 관심사다. 실제로 지난 2018년 임지원 신임 금통위원은 (매파냐 비둘기파냐를 묻는 기자의 질문에) "임지원의 원은 '원앙새'입니다"라고 답한 바 있다. 자신의 성향보다 현 경제 상황에 주목하겠다는 뜻을 밝힌 셈이다.

📑 갈등 없는 경영 승계

정치에 관련된 일에 종사하는 조직체를 정계**政界**라고 하고, 재계**財界**는 기업 조직체를 말한다. 특히 한국은 '재벌'이라는 독특한 기업 집단이 존재해, 재계 소식을 전할 때는 마치 집안을 말하듯 '삼성家' '현대家' 'LG家'와 같은 표현을 쓴다.

'갈등' 없이 경영권 승계한 LG… 재벌 신뢰도 1위

○○○○리뷰, 2018.07.01

○○○ LG전자 ID 사업부장이 지난달 29일 LG의 회장에 오르면서 LG는 40대 총수가 이끄는 젊은 기업이 됐다. 그룹 안팎에 산적한 과제 등 헤쳐 나가야 할 일도 많지만, 재계는 세대가 바뀌면서 별 탈 없이 4세로의 경영 승계가 이어진 LG의 전통에 주목하고 있다. …(중략)…

최근 한국사회여론연구소(이하 한사연)가 조사한 재벌 신뢰도 조사에서 LG그룹은 가장 좋은 평가를 받아 1위에 올랐다. 반면 최근 한국 재벌의 민낯을 보여 주면서 국민들에게는 물론 해외에도 '갑질' 재벌로 낙인찍힌 한진그룹은 신뢰도 하위권 1위를 차지, 가장 신뢰하지 않는 재벌이 됐다. …(하략)…

조선 시대 왕위 계승권을 놓고 일어난 왕자 간의 싸움을 '왕자의 난'이라고 하는데, 재계에서는 이 말을 경영권 자리를 두고 후계자들이 다투는 것에 빗댄다. 故 정주영 현대그룹 명예회장 별세 이후 정몽구와 정몽헌 사이의 갈등이 대표적이라고 할 수 있다. 현대그룹 외에도 삼성그룹(이맹희, 이건희), 롯데그룹(신동주, 신동빈)에서도 경영권 다툼이 있었다. 그런 의미에서 위 기사는 LG의 경영 승계가 별 탈 없이 이어진 것을 강조하고 있다.

반면 신뢰하지 않는 재벌로는 한진그룹이 꼽혔는데, 이른바 '갑질 사건'이 연이어 보도되면서 사람들에게 부정적인 이미지를 주고, 해외 여러 언론에서도 '갑질 사건'을 다뤄 유명해졌기 때문이다. 과거 어려움을 딛고 성공의 발판을 다졌던 창업주와 달리, 별다른 노력 없이 부를 이어받은 자녀들에 대한 여론은 냉담하다. 한국 경제에서 재벌의 현실적 지위를 감안할 때 이들의 태도는 개선해야 할 과제 중 하나이다.

📰 현재 우리나라 재계 1순위

재계 순위는 공정거래위원회에서 발표하는 공시 대상 기업 집단(자산 총액 5조 원 이상)을 기준으로 하는 것이 일반적이다. 1위는 삼성이고, 현대자동차, SK, LG, 롯데가 뒤를 잇는다. 매년 재계 순위에 어떤 변동이 있는지를 살피는 것도 경제기사의 관심거리가 된다.

2018년 기준 공시 대상 기업 집단은 60곳, 2019년 기준 공시 집단은 59곳으로, 이들의 총자산만 합쳐도 1,000조 원을 훌쩍 뛰어넘는다. 여기서 자산 총액이 10조 이상인 기업은 '상호출

자제한기업'으로 재분류된다. 상호출자제한기업에 분류되면 상호출자금지, 순환출자금지, 채무보증금지, 금융·보험사 의결권 제한 등을 추가로 적용한다.

삼성 총수 ○○○서 △△△으로 변경… 30여 년 만에 교체

○○신문, 2018.05.01

…(전략)… 공정위 측은 "△△△ 부회장은 ○○○ 회장에 비해 전체적인 지분 보유는 적으나 삼성물산 등 지배 구조상 최상위에 위치한 회사 지분을 최다 보유하고 있다"며 "삼성전자 부회장으로서 사실상 기업 집단 지배 구조의 정점에 있게 된 것"이라고 확인했다.

□□□ 위원장은 "지배력을 볼 때는 그룹의 중요한 의사 결정을 누가 하느냐 하는 것도 살펴야 하는데 미래전략실 해체의 경우 삼성의 매우 중요한 판단이었다"라며 "이 부분이 이 회장 와병 이후 △△△ 부회장에 의해 결정되고 실현됐는데, 이 역시 감안했다"고 설명했다.

…(하략)…

위 기사에 나오는 '총수'라는 용어도 알아두면 좋다. 공정거래위원회는 대기업 그룹에 동일인을 지정한다. 이를 기준으로 일가족 계열사 지분 보유 현황이나 사익 편취 여부 등을 판단한다. 삼성은 이건희 회장에서 지난 2018년 이재용 부회장으로 동일인을 변경했다. 동일인을 변경하는 것은 재계의 세대교체를 상징적으로 나타냄과 동시에 우리나라 젊은 총수들의 경영 능력도 시험대에 오를 전망이다.

14

家, 價, 加의
차이

📰 헷갈리는 줄임말

특정한 물품이나 장소에서의 행위에 부과하는 세금을 '개별소
비세'라고 한다. '개별소비세'는 줄여서 개소세라고도 하고, 예
전에 특별소비세라고 부르던 것과 같다.

　얼마 전 정부는 내수 진작을 목적으로 승용차 개별소비세 인
하 연장을 발표했는데, 아래는 관련 기사다. 만약 차량 구매를
계획하고 있는 독자라면 관심 있게 볼만하다.

- '승용차 개소세 인하' 연말까지 추가 연장

  － ○○신문, 2019.06.05

- 車 개소세 혜택 추가 연장…'내수 살리기 총력'

  － ○○○○맥스, 2019.06.05

- 내수 부진에…승용차 개별소비세 인하 연말까지 또 연장

  － ○○비즈, 2019.06.05

위의 기사 제목을 보면 개별소비세를 '개소세'라고 쓴 것이 눈에 띈다. 승용차를 줄여서 '車'라고 쓴 것도 있다. 어색해 보이지만 그렇다고 이해하지 못할 정도는 아니다. 오히려 제목이 짧고 명확해 독자 입장에서 쉽게 내용 파악할 수도 있다.

- 3대 맞춤화 전략이 '스세권' 만든다   － ○○신문, 2019.04.15

- '삼바 악재'에 공매도 물살… 바이오주 투심 위축되나

  － ○○○투데이, 2019. 05. 13

- 소주성 효과 나타나나… 작년 가계소득증가율 4.8%, 3년만 최고

  － ○○데이, 2019.06.06

이번 기사는 어떨까. 스세권은 '스타벅스+역세권'의 줄임말이다. 스타벅스 주변 상권이 활성화되는 걸 가리키는 일종의 신조어인데, 같은 의미로 '맥세권(맥도날드)'이나 '편세권(편의점)', '몰세권(쇼핑몰)'과 같은 말이 있다. 그밖에 소주성은 '소득주도성장'을, 삼바는 '삼성바이오로직스'를, 투심은 '투자 심리'를 줄인 표현이다.

해당 용어를 알고 있는 사람조차도 처음에는 무슨 뜻인지 헷갈릴 만하다. 그럼에도 이렇게 쓰는 이유는 뭘까. 크게 두 가지다. 하나는 주목을 끌기 위해서고, 다른 하나는 기사 제목 글자 수 조정을 위해서이다.

📰 줄임말로 쓴 기사

경제기사를 읽다 보면 줄임말을 자주 접한다. 그러니 경제에 관심 있는 독자라면 줄임말에 익숙해질 필요가 있다. 그래야 빠르게 내용 파악할 수 있고, 기사 읽는 시간도 줄일 수 있기 때문이다.

줄임말은 크게 다음과 같이 세 가지로 나눠볼 수 있다.

첫 번째, 한 글자씩 따온다. '한은(한국은행)', '종부세(종합부동산세)', '이통사(이동통신사)' 등이 대표적이다. 이 형태는 무난하면서도 가장 자주 쓰는 형태로, 읽는 입장에서도 어색함이 덜

하다. '워라밸**Work and Life Balance, 일과 삶의 균형**'과 같은 영어 표기에도 그대로 적용하고 있다.

두 번째, 화살표를 사용한다. 경제성장률 전망을 기존 2.6%에서 2.4%로 하향 조정할 때 'OECD, 올해 韓 경제성장률 전망 2.6→2.4% 하향'과 같이 쓴다. 그렇지 않으면 '2.6에서 2.4%로 하향'으로 써야 하는데, 화살표로 대체함으로써 숫자를 부각시키는 것이다. '↑(상승)', '↓(하락)'도 마찬가지다.

세 번째, 특정 이슈를 상징적으로 나타낼 때 쓴다. G2가 대표적이다. G20을 줄인 것인데, 미국과 중국이라는 표현 대신 G2를 사용함으로써 세계 경제를 주도하는 국가가 어디인지 단번에 알 수 있다. 3050클럽도 마찬가지다. 종종 '한국, 3050클럽 가입'과 같은 제목의 기사가 나오는데 3050이라는 클럽은 존재하지 않는다. 언론의 표현일 뿐, OECD와 같은 정식 기구는 아니다. 그럼에도 불구하고 우리는 여기에 해당하는 국가를 선진국이라고 생각한다.

📖 알아두면 편한 한자

한자를 알아야 경제기사를 읽을 수 있는 것은 아니다. 하지만 한자를 모르면 그만큼 기사 내용을 파악하는 시간이 오래 걸린다.

- '하노이 쇼크'에 출렁… 반도체株 울고 바이오株 웃고

  – ○○비즈, 2019.02.28

- 계절 안 가리는 미세먼지에… 관련株 '성장 가속'

  – ○○○, 2019.03.13

여기에서 '株'는 주식을 뜻한다. 풀어쓰면 '제2차 북·미 정상회담 결렬로 반도체 주가는 하락하고 바이오주 주가는 상승했다', '미세먼지가 심해지면서 관련 주가가 상승했다' 정도가 된다.

물론 한자 대신 한글로 써도 문제는 없다. 다만 반도체株는 '반도체주', 바이오株는 '바이오주'로 읽어야 해서 매끄럽지 못하다. 그렇다고 해서 '반도체 주가(주식 가격)'라고 하면 제목이 길어지니, 이렇게 한자로 표현하는 것은 그 나름의 이유가 있는 셈이다.

- 加도 철강 세이프가드 버튼 누르나   – ○○경제, 2018.06.27

만약 이 기사를 '가도 철강 세이프가드 버튼 누르나'로 읽었

다고 하자. 맞게 읽긴 했다. 하지만 무슨 뜻인지 알 수가 없다. 여기서 '加'는 캐나다이다. 풀어쓰면 '캐나다 정부가 철강 세이프가드(긴급 수입 제한 조치) 발동을 검토 중'이라는 의미이다.

경제기사에서는 국가명을 한자로 표현하는 경우가 많다. 한국은 韓, 미국은 美, 일본은 日, 중국은 中, 북한은 北, 영국은 英 등과 같이 쓴다. 그 외에 프랑스는 '佛(불란서)' 독일은 '獨' 러시아는 '露(노)'로 쓴다.

- '34조 원' 삼성家, 포브스 선정 아시아 최고 부호 가문⋯
  현대家는 12위

  − ○○비즈, 2016.11.11

- "공시價 현실화? 시세 반영률 산정 방법 공개해야"

  − ○○일보, 2018.08.29

살펴본 김에 '가'에 대해 몇 가지 예를 더 소개한다. '家'와 '價' 모두 '가'로 읽는데, 전자는 집안을 뜻하고, 가격을 나타낼 때는 '價'를 쓴다. 주로 아파트 공시가나 매매가, 휘발유가, 철강가 등이 여기에 속한다.

중공업을 나타낼 때 쓰는 '重(중)', 부동산이나 국제 시장에서 수요가 많을 때 쓰는 '多(다)', 경제지표 발표 시 전기 대비를 나타내는 '比(비)', 경제에서 빼놓을 수 없는 기관인 은행 '銀(은)', 면세점을 나타내는 '免(면)' 등이 대표적이다.

평소 우리는 한자를 다양한 분야에서 자주 쓴다. 그렇다고 해서 경제를 잘 알기 위해 따로 한자를 공부할 필요는 없지만, 자주 쓰는 한자를 눈에 익히면 기사를 쉽게 이해하는 데 도움이 될 것이다.

15

기재부, 한은, KDI

📰 둘에서 하나가 되다

돈을 버는 것만큼이나 중요한 것이 바로 '잘 쓰는 법'이다. 국가 경제도 마찬가지이다. 국민이 잘 살게끔 경제정책을 펼치는 것도 중요하지만, 국민에게 거둬들인 세금을 어떻게 쓸 것인지 계획을 세워 실천하는 것도 대단히 중요하다. 이렇게 중요한 일을 담당하는 정부 부처가 있다. 바로 국가 경제의 컨트롤 타워라고 불리는 기획재정부이다.

기획재정부는 1948년 정부 출범과 함께 신설된 재무부와 기획처를 시작으로 한다. 재무부는 세제·국고·금융·통화·외환 정책을, 기획처는 예산과 경제개발계획 수립을 맡았다. 이후 정부가 경제개발계획을 추진하면서 기획처는 경제기획원으로 확대되고, 두 조직의 자존심 대결(?)은 이때부터 시작한다.

두 조직이 하는 일을 보면, 재무부는 이른바 돈을 관리하는 조직이고, 경제기획원은 정책 수립에 가깝다. 꼼꼼하게 숫자를 확인해야 하는 재무부 입장에서는 당연히 보수적이고 현실적일 수밖에 없다. 반면 경제기획원은 혁신과 개방적인 분위기를 지향한다. 중장기적인 전망을 봐야 하기에, 토론과 소통에 능하다. 이렇다 보니 지금도 기재부 고위직을 어디 출신이 맡는가를 두고 종종 기사화된다.

경제 수장에 또 기획원(EPB) 출신… 소통·협치에 '방점'

○○경제, 2018.11.09

9일 부총리 겸 기획재정부 장관에 내정된 ○○○ 국무조정실장은 ○○○ 부총리와 마찬가지로 공직생활을 경제기획원(EPB)에서 시작했다. 문재인 정부의 두 번째 경제정책 컨트롤 타워도 재무부가 아닌 경제기획원 출신이 맡을 가능성이 커진 셈이다. 현재의 기획재정부는 2008년 전 기획예산처와 재정경제부가 합쳐지면서 탄생한 조직이다. …(하략)…

두 조직이 통합된 것은 1994년 재정경제원에 이르러서다. 두 조직은 예산부터 세제까지 모두 쥐고 있는 이른바 '공룡 부처' 로 통했다. 하지만 1997년 외환위기 발생과 위기 대응에 따른 비판이 일면서 다시 예산청(기획예산처)과 재정경제부로 쪼개 졌다. 2008년에 이르러 지금의 기획재정부가 탄생했는데, 금융 부문은 금융위원회로 넘어갔다.

경제 상황이 달라지면 해당 부처의 업무 영역에 변화가 생기 기 마련인데, 기획재정부도 예외는 아니다. 금융위원회를 다시 기재부와 합쳐 경제 컨트롤 타워 역할을 강화해야 한다는 의견 부터, 기재부도 비대한 상황인 만큼 오히려 충실한 정책 집행 이 중요하다고 보는 의견이 나오고 있다.

📖 한국은행이 하는 다양한 업무

우리가 떠올리는 한국은행의 이미지는 화폐를 발행하거나 기 준금리를 결정하는 역할 등이다. 이 역할은 중요한 업무이지만, 이것만으로 한국은행에 대해 설명하기엔 부족하다. 한국은행 의 설립 목적이자 동시에 가장 중요한 일은 바로 물가 안정과 금융 안정이다.

우리가 물건을 사고팔 때는 돈을 주고받는다. 이때 돈을 가 리켜 '화폐'라고 한다. 화폐의 가치는 물가에 따라 달라지는데,

물가가 오르면 같은 화폐를 주고도 살 수 있는 상품의 양이 줄어든다. 즉 인플레이션^{inflation}이 발생한다. 인플레이션이 심해지면 멀쩡한 나라도 극심한 혼란을 겪을 수밖에 없어 평소 물가 관리를 잘하는 것이 중요하다.

그 외 한국은행은 다양한 업무를 수행한다. 통화신용정책을 수립하고 집행과 금융 기관을 상대로 예금을 받으며 대출을 해준다. 그래서 '은행의 은행'이라고 부른다. 또 외화 자산을 보유·운영하고, 외환 건전성 제고를 통해 금융 안정에 기여하는 것도 주요 업무이다.

📖 정부와 한은의 관계

물가 안정과 금융 안정을 최우선으로 삼는 한국은행과 달리 정부는 경기 활성화를 우선시한다. 특히 대통령 중심제인 한국에서 임기 내 경제 분야의 성과 창출은 대단히 중요한 과제이다. 그러다 보니 한국은행과 정부 간 관계는 상호 협력이라는 큰 틀 아래서도 종종 입장차가 드러날 때가 있는데, 대표적인 예로 '기준금리 결정'이 있다.

- ○○○·○○○ "달라도 너무 달라"… 시장 혼란 가중

  — ○○○, 2013.04.30

- ○○○-○○○ 엇박자 시각에 경기 부양은 "땡"

  — ○○○○, 2013.04.30

- 신용 정책 고집하는 한은, 못마땅한 정부

  — ○○○, 2013.04.30

2013년 당시 기준금리 인하에 관한 기사 중 몇 개만 뽑았다. 같은 날 쓰인 기사들은 2012년 10월 기준금리를 3%에서 2.75%로 낮춘 지 6개월이 지났을 때이다.

4월 한국은행은 기준금리를 동결했는데, 이를 두고 정부와 한국은행의 대립으로 표현한 기사가 쏟아졌다.

市場 예측과 반대로 간 ○○○… 경기 부양 기대에 찬물

○○일보, 2013.04.12

…(전략)… 이날 전문가 대부분은 한은이 금리를 0.25%포인트 내릴 것으로 예상했다. 올해 경기가 회복될 것이라던 당초 전망과 달리 최근 발표된 설비 투자와 고용 등 경기 지표가 기대 이하로 나빴기 때문이다.

○○○ 전 재정경제부 장관은 "전 세계가 정부와 중앙은행 간 공조를 강화하는 상황"이라며 "한은의 올해 성장률 전망치가 2.6%로 추경을 감안한 정부의 목표치(2.5%)와 크게 다르지 않은데 왜 한은만 독불장군처럼 독야청청하겠다고 하는지 그 이유를 국민에게 설명해야 한다"고 말했다.

이에 대해 한은은 "성장률이 낮기는 하지만 하반기로 갈수록 회복세가 빨라질 것이고, 국민의 기대 인플레 심리도 물가 안정 목표인 3%를 넘고 있어 금리 동결 조치를 내렸다"고 밝혔다. …(하략)…

밑줄 그은 곳을 보면 겉으로는 기준금리 동결 소식을 전하고 있지만, 내용을 보면 이번 한은의 결정을 예상 밖이라 평가하고 있음을 알 수 있고, 정부와의 날 선 입장차도 느껴진다. 그래서일까. 한은은 이로부터 한 달 후인 5월 기준금리를 0.25%P 인하한다.

한은, 기준금리 7개월 만에 0.25%P 인하…연 2.5%

○○○, 2013.05.09

결국 ○○○ 한국은행 총재가 백기를 들었다. 한은 금융통화위원회가 기준금리를 현재의 2.75%에서 2.5%로 0.25%포인트 낮춘 것이다. 지난해 10월 기준금리를 연 3%에서 2.75%로 내린 후 7개월 만에 취해진 조치다. 이로써 '한은'과 '당정청(黨政靑)' 간의 금리 인하 논쟁도 일단락됐다.

정치적 압박에 굴복했다는 평가를 감수하고도 한은이 금리를 내린 데는 더디게나마 경기가 회복될 것이란 확신이 줄어서다. 생산·투자·수출·고용 등 주요 실물지표 부진이 계속된 데다 소비자물가상승률조차 여섯 달째 1%대에 머물러 저성장 고착화가 우려되는 형국이다. …(하략)…

위 기사는 기준금리 인하 결정에 대해 중앙은행의 판단보다 금리 인하 논쟁에 따른 결과를 부각한 기사이다. 기준금리 결정이 한국은행의 고유 영역인 것은 분명하다. 단지 해석이 엇갈릴 뿐이다.

국책연구기관, KDI

한국개발연구원KDI은 1970년대 경제개발을 체계적으로 지원할 목적으로 설립됐다. 이곳에서는 거시 경제, 금융, 노동, 산업, 북한 경제 등 다양한 주제를 연구하고 있다. KDI가 발표하는 보고서의 질은 최상급이거니와 대외적 영향력과 연구원의 전문성 모두 압도적이다. 그래서 우리나라 최고 싱크탱크를 꼽을 때

항상 1순위에 오르는 기관이기도 하다.

KDI는 매년 상·하반기 경제 전망을 내놓고 있는데, 아래 표는 최근 5년간 전망치다. 이 표를 보면 한국 경제가 어떻게 움직여왔는지 한눈에 볼 수 있다.

| 표 12 |

연도	내용	
2015	(상반기):	내수가 투자를 중심으로 완만하게 회복하겠으나 수출 부진이 지속되면서 2015년과 16년에 3% 내외의 성장률을 기록할 전망임.
	(하반기):	내수가 완만하게 회복되고, 수출은 지속적인 부진으로 인해 2016년에 3.0% 내외 성장할 전망임.
2016	(상반기):	내수가 건설 투자를 중심으로 완만하게 증가하겠으나, 수출 부진이 지속되면서 2016년과 17년에 2%대 중반의 성장률을 기록할 전망임.
	(하반기):	수출 부진이 지속되는 가운데, 내수도 점차 둔화되면서 2017년에 2.4%의 성장률을 기록할 전망임.
2017	(상반기):	수출은 완만한 회복세를 보이지만 내수 증가세의 둔화로, 2017년과 2018년에 각 2%대 중반 성장률을 기록할 전망임.
	(하반기):	수출 증가세는 유지, 소비는 개선되나, 투자 둔화로 인해 2018년에 2.9%대의 성장률을 기록할 전망임.
2018	(상반기):	수출 증가세가 유지되나 내수 증가세가 둔화되면서, 2018년과 19년에 각각 2.9%와 2.7%의 성장률을 기록할 전망임.
	(하반기):	내수 경기가 둔화되는 가운데 수출 증가세도 완만해져, 2019년에 2.6%의 성장률을 기록할 전망임.
2019	(상반기):	우리 경제는 2019년에 내수와 수출 모두 위축되면서 2.4% 성장한 후, 2020년에는 완만하게 회복되면서 2.5% 내외의 성장률을 기록할 전망임.
	(하반기):	우리 경제는 내수와 수출 개선이 제한적 수준에 머물러 2020년에 2.3% 내외의 성장률을 기록할 전망임.

▲ KDI 경제 전망(2015~2019년)

출처: 한국개발연구원(http://www.kdi.re.kr/forecast/forecasts_outlook.jsp)

표 12를 보면 매년 성장이 비슷해 보여도 성장률 전망에 차이가 있음을 알 수 있다. 성장률 전망에 차이가 있으면 내수·수출 상황에 따라 경기 진단도 달라진다. 사실 경제 전망이 부정적이면 경제심리가 위축되고, 긍정적이면 그 나름의 비판이 나온다. 그렇다 보니 KDI 경제 전망은 그 이름만으로도 경제기사에서 비중 있게 소개된다.

나침반 역할을 기대하다

KDI는 2020년 한국 경제 상황이 전년보다 다소 개선될 것으로 전망했다. 여기에는 소비 심리 개선, 세계 경제 회복에 따른 수출 증가, 정부 정책 확대 등을 근거로 들었다. 반면 미·중 무역분쟁이 지속되면 개선이 지연될 수 있음을 지적했다. 개선은 분명하나, 섣부른 낙관은 이르다는 말이다.

이제 막 경제기사를 읽기 시작한 단계에서 경제를 전망한다는 것은 대단히 어려운 일이다. 하지만 최소한 민간 소비와 설비 투자, 고용, 물가, 경상수지의 흐름 정도는 알고 있어야 경제 전망을 살피는 데 의미가 있다. 앞으로 기사에서 자주 보게 될 기재부와 한은, KDI는 당신에게 훌륭한 나침반 역할을 해 줄 것이다.

■ ECONOMY

■ BUSINESS

■ TECHNOLOGY

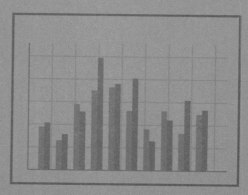

제2부

실전 경제 기사 읽기

제4장

경제를 움직이는
핵심 변수

돈은
어디로 흐를까?

📖 어디에 속할까?

아래 기사는 국제 유가 상승에 따른 수출입물가 변동을 소개하고 있다. 국제 유가 변동에 민감한 사람이라면 주목할 만한 기사이다.

> **유가 상승에 수출물가 4개월 만에 반등, 수입물가도 큰 폭 상승**
>
> ○○경제, 2019.03.15
>
> 국제 유가 상승에 따라 수출물가가 넉 달 만에 반등했고, 수입물

가는 9개월 만에 가장 큰 폭으로 올랐다. 15일 한국은행이 발표한 '2019년 2월 수출입물가지수'에 따르면, 석탄과 석유 제품 수출물가는 8%가량 올랐지만, 주력 수출 품목인 D램 수출물가는 7% 하락해 7개월 연속 하락세를 이어갔다. 유가 상승 영향에 따라 원재료 수입 물가가 5%가량 늘어나는 등 수입물가지수는 지난해 5월 이후 가장 큰 폭으로 상승한 것으로 나타났다.

경제기사는 보통 경제 일반, 산업, 금융(증권), 부동산, 글로벌(국제 경제), 재계, 중기·벤처, 생활 경제, 노동 등으로 나눈다. 위 기사는 어디에 속할까. 유가 동향에 주목하면 글로벌(국제 경제)로, 반도체 가격 하락에 주목하면 산업에 속한다고 볼 수 있다.

◈ 구분해서 읽는 경제기사

경제기사를 꼭 영역별로 구분해 읽어야 할 필요는 없다. 하지만 이렇게 읽는 습관을 들이면 종합적인 경제 상황을 파악할 때 도움이 된다. 특히 인터넷 포털 중심으로 경제기사를 읽는다면 영역별 접근은 필수라고 봐도 좋을 것이다.

종이 신문은 섹션별로 기사가 배치되기 때문에 영역별 구분이 명확한 편이다. 그러니 내가 원하는 특정 지면을 꾸준히 읽어 두는 것만으로 자연스레 흐름을 파악할 수 있다. 반면 포털에 노출되는 기사는 이슈 중심으로 구성한다. 빠르게 정보를 전달할 때에는 적절할 수 있지만, 영역별 움직임을 따져 읽기에는 한계가 있다.

영역별 경제기사 읽기의 필요성을 알았다면, 이제 기준을 정해야 한다. 금융을 예로 들어 보자. 복잡한 구조와 다양한 상품이 소개되지만, 결국엔 돈의 움직임이고, 그 기준은 금리이다. 그러니 금리가 어떻게 결정되는지 이해하면 금융에 관한 경제기사를 읽기 수월해진다.

금리는 일종의 돈에 대한 가격이다. 세상 모든 일에 공짜 없듯, 남의 돈을 빌리면 그에 따른 이자를 지불해야 한다. 빌려주는 사람 입장에서는 돈을 받지 못할 위험을 감수하기 때문이다. 여기에서 이자를 금리라고 보면 된다. 일반적으로 금리가 높으면 시중에 도는 돈이 줄어들고, 그 반대일 때면 돈이 많아진다.

📖 유도 목적이 있는 금리

경제기사를 읽다 보면 '마이너스 금리'라는 표현이 나온다. 쉽게 말해 이자를 받지 않고 돈을 빌려준다는 뜻이다. 분명 앞에서 공짜는 없다고 했는데, 이런 현상이 발생하는 이유는 무엇일까. 시중에 돈이 돌도록 하기 위해서이다. 보통 경제가 침체된 상황일 때 마이너스 금리를 적용하는데, 이를 통해 소비 확대와 투자 활성화를 유도한다.

- 일본, 사상 첫 마이너스 금리…경기 부양 '극약 처방'
  - ○○○, 2016.01.29
- 한은 "마이너스 금리, 유효성 충분히 확인 안 돼… 신중하게 대응해야"
  - ○○비즈, 2016.04.27
- 유럽 마이너스 금리 9년…성과와 위험은
  - ○○인포맥스, 2018.06.20

마이너스 금리 도입은 두 가지 면에서 신중해야 한다. 첫 번째는 뱅크런(은행 파산)이다. 은행에 1만 원을 예금했는데, 1년 후 9,900원을 받게 된다면 어떨까. 아마도 더 이상 은행에 돈을 맡기려 하지 않을 것이다. 두 번째는 시중에 풀려나간 돈이 경기 회복에 쓰이지 않을 수 있다. 즉 부동산, 증권시장으로의 쏠림 현상을 가리킨다.

반대의 경우도 있다. 마이너스 금리임에도 은행에 계속 돈을 맡긴다는 뜻인데, 카드 결제 비중이 높은 경우를 생각해 보자. 이때는 마이너스 금리가 현금 소지의 불편함을 개선하는 일종의 수수료 역할을 한다. 그밖에 통화 가치 절하에 따른 수출 증대, 경기 전반 유동성 확대에 기여하는 측면도 무시할 수 없다.

日 마이너스 금리 2년… "풀린 돈, 부동산과 해외로 쏠림"

○○뉴스. 2018.01.29

일본은행이 경기 활성화를 위해 2년 전 도입한 '마이너스 금리 정책'이 애초 정책 목표를 제대로 달성하지 못한 채 한계를 노출했다는 평가가 나왔다. 금융 완화만으로는 일본 경제의 과제를 해결하기가 어렵다는 점을 보여 줬다는 지적이다. 29일 니혼게이자이신문은 '검증 마이너스 금리, 돈은 어디로 갔는가'라는 제목의 기사를 통해 풀린 돈이 기업의 투자 확대로 가지 않고, 부동산이나 해외 대출 증가로 쏠렸다고 지적했다. …(하략)…

위 기사는 우리와 가까운 일본의 마이너스 금리 정책을 기사화한 것이다. 이 기사만으로 정책 결과를 예단하는 것은 금물이다. 마이너스 금리가 전면에 부각된 것은 지난 글로벌 금융위기 이후이기 때문이다. 그렇기에 저성장·저금리 시대에 적절한 정책이라는 입장과 정책의 근본적 한계를 지적하는 입장이 여전히 엇갈린다.

📖 리보금리

금융통화위원회에서는 여러 경제 상황을 고려해 기준금리를 결정한다. 이렇게 결정된 기준금리는 콜 금리, 장단기 시장 금리, 예대 금리 등을 거치면서 실물 경제로 전파된다.

세계금융시장은 어떨까. 대표적으로 리보Libor를 들 수 있다. 리보는 'London inter-bank offered rates'의 앞 글자를 딴 것으로, '런던 은행 간 제공 금리' 정도로 해석하면 된다. 여기서 달러가 거래되면 달러 리보, 유로 거래는 유로 리보, 엔화 거래는 엔 리보라고 한다.

리보가 세계 기준금리 역할을 하게 된 이유는 간단하다. 한때 영국이 세계 경제와 금융의 중심지였기 때문이다. 지금에 와서는 미국 뉴욕으로 많이 기울었지만, 아직까지 경제기사에서 리보가 차지하는 비중은 압도적이다.

제2의 리보 사태 없도록… "국내 대체 지표금리 선정해야"

○○뉴스, 2019.04.04

리보(LIBOR · 런던 은행 간 금리) 조작 사태 재발을 막기 위해 주요국들이 지표금리 개혁에 나선 가운데 국내에서도 지표금리 관리 체계를 정비해야 한다는 제언이 나왔다. 한국은행은 4일 '최근 주요국의 무위험 지표금리 선정 현황 및 시사점'이라는 보도자료에서 "주요국이 비상시에 사용 가능한 대체 지표금리로 '무위험 지표금리'를 개발하고 선정을 완료해 공표하고 있다"며 "한국도 국내 여건에 걸맞은 무위험 지표금리를 선정해야 한다"고 밝혔다.

리보는 주요 대형 은행의 실제 거래 금리가 아닌, 금리 예상치를 기반으로 산출한다. 그렇다 보니 은행 담당자의 주관적 판단이 개입할 수 있다. 그 예로 2012년 발생한 리보 사태가 있다. 일부 대형 은행이 자료를 조작한 사실이 드러나면서 리보 산출 방식에 대한 논란이 일었고, 대체 지표금리에 대한 노력이 이어져 왔다.

美 연준, 내달 3일부터 '리보' 대체할 기준금리 'SOFR' 발표

○○투데이, 2018.03.28

미국 연방준비제도(연준)는 내달 초부터 재무부와 함께 '조작 스캔들'로 신뢰에 타격을 입은 런던은행 간 금리(리보)를 대신할 새로운 기준금리를 선보인다. 학자금 대출부터 모기지론까지 무려 3,500조 달러(약 37경 5,900조 원)에 달하는 금융상품에 적용되는 기준금리를 둘러싼 미국과 영국의 주도권 경쟁의 막이 오르게 된다. …(하략)…

2018년 미국은 SOFR^{Secured Overnight Financing Rate, 익일물 국채담보 RP금}리, 영국은 SONIA^{Sterling Overnight Index Average, 무담보 익일물 차입금리}를 새로이 내놓는다. 세계 기준금리 자리를 두고 치열한 다툼이 벌어지고 있다. 그러나 사람들은 리보에 익숙하기 때문에 당분간은 리보 중심으로 경제기사를 읽는 것이 좋다.

📰 코픽스

코픽스^{COFIX}는 은행연합회가 만든 금리로, Cost of Fund Index의 약자이다. 코픽스는 매월 한 번씩 시중 은행으로부터 정기예금, 정기적금, 상호부금, 주택부금, CD 등 자본조달 상품 관련 비용을 취합해 산출한다. 은행의 대출금리는 대출기준금리에 가산금리, 가감조정금리를 합해 결정하는데, 대출기준금리가 바로 코픽스이다.

2019년 1월 금융위원회는 코픽스 개편 방안을 발표한다. 그중 하나가 코픽스 산정 상품에 비교적 금리가 낮은 요구불 예금, 수시 입출식 저축성 예금을 포함시키는 것이다. 금융위원회(금융위)는 이를 통해 금리가 0.27%p 정도 낮아질 것이라 설명했다. 위 기사에서 대출금리는 기준금리에 가산금리를 더해 결정되는데, 아래 기사를 보면 가산금리가 오르게 되면 새 코픽스 도입 효과가 떨어질 것이라고 지적한다.

은행 "새 코픽스 도입해도 대출금리 크게 떨어지진 않아"

○○경제, 2019.01.24

…(전략)… 하지만 은행 관계자들은 금융위가 사실을 정확히 전달하지 않았다고 비판했다. 코픽스(기준금리)가 낮아지더라도 가산금리가 높아지기 때문에 최종 대출금리는 내려가지 않는다고 했다. <u>가산금리는 업무 원가, 리스크 프리미엄, 유동성 프리미엄, 목표 이익률 등을 합쳐 산정하는데, 새 코픽스를 기준으로 삼는 대출 상품은 리스크 프리미엄이 자동으로 상승한다는 것이 은행 관계자들의 진단이다.</u> …(하략)…

다음 기사는 위의 입장과 다르다.

새로운 COFIX 도입 시 대출금리가 전혀 변하지 않는다는

일부 보도는 사실과 다름

○○○○○, 2019.01.24

한국 경제(1.24일) 「은행 "새 코픽스 도입해도 대출금리 낮아지지 않는다"」 제하의 기사와 관련하여, 현행보다 낮은 새로운 잔액 기준 COFIX 도입 시 가산금리 항목 중 하나인 <u>리스크 프리미엄이 높아져 대출금리가 변하지 않는다는 지적이 있으나, 리스크 프리미엄 등 가</u>

산금리의 경우 은행이 합리적인 근거 없이 임의로 인상하지 못하도록 금융위원회와 금융감독원은 현재 가산금리에 대해 일일 점검 중이며 앞으로도 가산금리 산정의 합리성을 철저히 점검할 계획임.

어느 쪽 입장이 옳은지 따지기보다 이렇게 같은 정책이어도 그것을 해석하는 방식과 대응에 차이가 있다는 점에 주목하자.

적당한 물가란?

📰 물가로 알아볼 수 있는 것

상품 가격은 수요가 많아지면 가격이 오르고, 공급이 많아지면 가격은 낮아진다. 그 과정에서 균형이 결정된다. 경제 전체도 마찬가지다. 개별 수요·공급을 경제 전체로 확장했을 때 총수요·총공급이라 하는데, 여기서 말하는 가격 수준을 가리켜 '물가'라고 한다.

물가는 돈의 가치와도 연결된다. 물가가 오르면 내가 가진 돈으로 살 수 있는 상품의 양은 줄어든다. 반대로 물가가 내리면 살 수 있는 양이 많아진다. 이를 '실질 구매력'이라고 한다.

만약 과일 하나를 1,000원 주고 샀는데 다음 날 과일 가격이 2,000원으로 급등했다면 어떨까. 실질 구매력 감소는 물론이거니와 거래의 안정성에도 문제가 생긴다.

또 물가를 통해 생활 수준도 파악할 수 있다. 작년과 올해 임금을 비교했을 때 5% 정도 오르고, 물가는 10% 올랐다면 생활수준은 나빠진 셈이다.

경제기사를 읽다 보면 명목 임금, 실질 임금과 같은 용어가 나오는데, 물가를 고려했느냐 그렇지 않았느냐의 차이다. 그 외 물가는 경기 국면을 판단하는 지표로 사용된다. 경제가 성장세일 때는 물가도 오른다. 반대로 경기가 둔화되거나 불황일 때는 물가가 낮아진다. 최악의 경우는 물가가 오르면서 경기가 위축되는 현상이 나타난다. 이러한 스태그플레이션이 발생하지 않으려면 안정적인 오름세를 유지하는 것이 물가를 잘 관리하는 방법이다.

- 4월 생산자물가 지난달 대비 0.3%↑…유가 상승에 3달째 '오름세'

  – ○○경제, 2019.05.21

- 5월 소비자물가 0.7% 상승…5개월 연속 0%대(종합)

  – ○○비즈, 2019.06.04

- 5월 수출입물가 나란히 2%대 상승…환율 오른 영향

  – ○○신문, 2019.06.14

기사로 만나는 물가 변동

경제기사를 읽다 보면 물가 변동에 관한 소식을 자주 접한다. 그런데 물가 그 자체가 나오지는 않고, 수출입물가나 소비자물가, 생산자물가 같은 개별지표가 소개된다. 물가 그 자체를 측정하는 것은 별 의미가 없기 때문이다.

수출입물가를 예로 들어보자. 수출입물가란 수출 및 수입 상품의 가격변동을 측정하는 지표인데, 일반 소비자로서는 둔감한 것이 사실이다. 반대로 수출업을 하는 사람은 생활에 필요한 물품의 가격변동보다 원재료, 중간재 등에 민감하다. 이처럼 이용 목적과 대상에 따라 물가를 구분할 필요가 있다.

소비자물가지수는 가장 대표적인 물가지수로, 물가가 올랐다고 하면 '소비자물가'라고 생각할 정도이다. 그래서 각 가정이 일상에서 구입하는 상품과 서비스의 가격 수준을 측정할 때 모든 품목을 대상으로 하기에 한계가 있는 만큼 대표성이 있는 품목만 선정한다.

5년마다 바뀌는 소비자물가지수 품목, 꽁치·케첩 빼고…

휴대폰 수리비 등 18개 새로 포함

○○경제, 2016.07.01

한국에 토마토케첩이 본격적으로 보급된 것은 1971년 오뚜기가 케첩을 생산하면서부터다. 케첩 소비량이 늘면서 정부는 1980년 소비자물가 대표 품목에 케첩을 추가했다. 하지만 케첩은 이번에 공개된 2015년 기준 소비자물가 대표 품목에서 35년 만에 제외됐다. 소비량이 줄어 물가 기준으로 삼기 어렵다는 판단에서다. …(하략)…

소비자물가지수선정 기준은 크게 세 가지이다. 첫째, 전국 가구(농어촌 제외)의 월평균 소비 지출액이 일정 비율 이상이어야 한다. 둘째, 동종 품목군의 가격을 대표할 수 있어야 한다. 셋째, 시장에서 꾸준히 가격 조사가 가능한 품목이어야 한다. 이를 충족하면 다시 지출 목적에 따라 12개 분류로 나눈다.

| 표 13 |

식료품 및 비주류 음료	주류 및 담배	의류 및 신발	주택, 수도, 전기 및 연료
가정용품 및 가사 서비스	보건	교통	통신
오락 및 문화	교육	음식 및 숙박	기타 상품 및 서비스

▲ 소비자물가지수의 지출 목적별 부문

출처: 통계청(http://kostat.go.kr/incomeNcpi/cpi/cpi_cp/1/2/index.static)

소비자물가지수 대상 품목을 보면 시대상을 알 수 있다. 흑백 TV가 소비자물가지수 대상 품목에 추가된 것은 1970년부터이다. 1980년에 이르러 컬러 TV가 추가됐고, 흑백 TV는 1985년에 제외됐다. 성냥은 1990년에, 레코드판은 1995년에 제외됐다. 반면 스마트폰 이용료는 2010년, 휴대폰 수리비는 2015년에 새롭게 추가됐다.

생산자물가지수는 국내에서 생산해 공급하는 상품, 서비스의 가격변동을 측정하는 지표로, 원재료나 최종 자본재와 같이 소비자물가지수에 포함되지 않는 품목까지 대상으로 한다. 즉 포괄 범위가 넓은 물가 지표라고 보면 된다. 2019년 6월 기준 생산자물가지수는 103.5인데, 기준연도인 2015년보다 물가가 3.5% 올랐다는 뜻으로 해석하면 된다.

경제 전체로 봤을 때 생산된 제품은 소비되기 마련이다. 생산자물가지수가 오르면 소비자물가지수도 따라 오르게 된다는 말과 같다. 그밖에 생산 비용 증가에 따른 기업 활동 위축을 가져올 수 있다. 경제에서 물가 관리가 얼마나 중요한지를 알 수 있는 대목이다.

소비자물가지수와 우리가 체감하는 물가 수준 간에는 차이가 있다. 같은 소비자라 할지라도 직장인과 주부의 경제활동 양식이 다르듯, 동일 품목도 언제, 어디에서 구입했느냐에 따라 가격이 달라지기 때문이다. 그래서 소비자물가지수 외에 생활물가지수나 근원물가지수와 같은 보조 지표를 발표하고 있다.

생활물가지수는 구입 빈도가 높고 지출 비중이 큰 품목을 별도로 구성해 만든 지수이다. 근원물가지수는 계절적 영향을 받는 농산물과 해외 영향을 받는 석유류는 제외하고 만든 지수로, 물가 변동의 장기적인 추세를 파악할 때 사용한다.

📖 GDP 갭으로 보는 물가

실제 GDP와 잠재 GDP의 차이가 GDP 갭이다. 실제 GDP는 잠재 GDP보다 크거나 작을 수 있다. 잠재 GDP란 물가 상승을 유발하지 않으면서 노동과 자본 등 한 나라가 가진 생산 요소를 사용해 지속적으로 달성할 수 있는 최대 GDP를 말한다.

ㅇㅇㅇ "내년 GDP 갭 마이너스+물가 목표 밑돌면 금리 인하"

ㅇㅇㅇ, 2019.10.24.

ㅇㅇㅇ 한국은행 총재는 24일 "실질 경제성장률이 잠재 성장률에 미치지 못하고 물가가 목표치보다 낮은 상황이 계속되면 충분히 지금보다 더 완화적 조치를 취할 수 있다"라고 말했다. …(중략)… ㅇㅇㅇ 바른미래당 의원은 "GDP 갭이 마이너스고 물가가 목표보다 낮으면 완화적 조정이 불가피하겠다"라고 질의했다. 이에 이 총재는 "상황만 보면 그렇다"라면서도 "단정적으로 말씀드릴 순 없다"라고 덧붙였다. …(하략)…

GDP 갭은 인플레이션 갭과 디플레이션 갭으로 구분한다. 실제 GDP < 잠재 GDP라면 GDP 갭은 양(+)이며, 인플레이션 갭 상태다. 정상적인 수준보다 더 많은 생산이 이뤄지고 있다는 뜻으로, 경기 과열과 물가 상승 압력이 발생한다. 반대로 실제 GDP < 잠재 GDP라면 음(-)으로, 디플레이션 갭 상태이다. 이 때에는 경기 침체와 물가 하락을 걱정해야 한다.

디플레이션으로 인한 우려

물가가 지속적으로 하락하는 현상을 가리켜 디플레이션이라 한다. IMF에서는 물가 상승률이 2년 연속 마이너스를 보일 때 디플레이션 국면에 진입했다고 판단한다.

물가가 하락하면 소비자 입장에서는 좋은 일 아니겠냐고 생각할 수 있을 것이다. 하지만 이것은 간단한 문제가 아니다. 디플레이션이 발생하면 소비와 투자가 줄어들고, 그에 따라 물가가 또 하락하는 악순환에 빠지게 된다. 한마디로 경제가 활력을 잃는다는 뜻이다.

최근 대외 불확실성 증가와 고용·소비·투자 등 경제지표 부진이 이어지면서 경기 침체에 대한 우려가 커지고 있다. 여기에 2019년 9월 발표한 소비자물가지수(상승률)가 마이너스를 기록하면서 체감 경기마저 움츠러드는 모양새다. 그래서 일부에서는 '나랏돈 풀어도 마이너스 물가⋯ "사실상 디플레이션(○○○CNBC, 2019.09.04)"'이나 '소비자물가 상승률 1965년 이후 처음으로 마이너스(○○경제, 2019. 09. 04)'라는 기사에서 한국 경제가 이미 디플레이션에 진입한 것이 아닌지 우려하고 있다.

| 표 14 |

	'18.8월	9월	10월	11월	12월	'19.1월	2월	3월	4월	5월	6월	7월	8월
지수	104.85	105.65	105.46	104.71	104.35	104.24	104.69	104.49	104.87	105.05	104.88	104.56	104.81
지난달 대비	0.9	0.8	-0.2	-0.7	-0.3	-0.1	0.4	-0.2	0.4	0.2	-0.2	-0.3	0.2
전년 같은 달 대비	1.4	2.1	2.0	2.0	1.3	0.8	0.5	0.4	0.6	0.7	0.7	0.6	0.0
전년 누계비	1.3	1.4	1.4	1.5	1.5	0.8	0.6	0.5	0.5	0.6	0.6	0.6	0.5

▲ 월별 소비자물가지수 동향(2015=100, %)

출처: 통계청

표 14에 따르면 2019년 8월 기준 전년 같은 달 대비 등락률은 0.0%이다. 마이너스가 아닌 것처럼 보일 수 있겠지만, 공식 통계에서는 소수점 첫째 자리까지만 기록한다. 실제로는 지수가 0.04(0.038)%만큼 하락했기 때문에 마이너스를 기록한 것이

맞다. 한국 경제는 디플레이션 국면에 진입했다고 봐야 할까.

그러나 정부는 (디플레이션 진입에) 선을 그었다. 농·축·수산물 등 일부 품목 물가 변동이 전체 하락을 이끌었고, 여기에 유가 급락과 공공 서비스 확대 등이 영향을 미친 것으로 보았다. 한국은행도 물가가 곧 반등해 내년이면 1% 수준으로 높아질 것이라고 전망했다. 적어도 가계가 지갑을 열지 않은 것은 (수요 부진에 따른 물가 하락은) 아니라는 뜻이다.

의욕만으로는 어려운 일

한때 정부 주도로 물가 관리 정책이 시행된 적이 있다. MB 물가지수가 바로 그것이다. MB 물가지수란 일종의 생필품물가지수인데, 52개 품목을 정해 집중적으로 관리하는 것을 골자로 한다. 명칭은 당시 이명박 대통령의 영문 이니셜에서 따왔다.

MB 물가지수는 서민들의 생계비 부담을 줄여 주고자 대통령이 직접 지시한 정책임에도 불구하고, 집행 초기부터 크고 작은 문제에 직면한다.

우선 품목 선정의 기준이 모호하다는 지적이 나왔다. 소비자물가지수만 해도 개별 품목 선정에 신중함을 기하는데, MB 물가지수는 대통령의 지시에 따라 너무 성급히 선정했다는 것이다. 실제로 국제 유가의 경우 정부가 관리할 수 있는 범위가 아닌데 품목에 선정되면서 오히려 물가 상승을 부추기는 결과를 가져왔다.

또 당시 고환율 정책에 따른 수입물가 상승, 채솟값 급등이 맞물리면서 MB 물가지수는 생필품 관리라는 말이 무색해질 지경에 이르렀다. 애초 정부가 가격을 관리할 수 있다는 발상 자체가 무리였다는 비판의 목소리에 힘이 실렸다. 결국, MB 물가지수는 언론에서 자취를 감춰 이제는 폐기된 정책으로 평가받는다.

물가 관리는 어느 정부에서나 중요한 과제이기 때문에 새 정부가 출범하면 항상 물가 대책을 내놓는다. 다만 섣부른 개입은 역효과를 낳고, 다짜고짜 개별 품목 가격을 조정하면 시장의 혼란만 가져온다. 시장의 흐름과 변화에 맞게 수입처 다변화와 국내 유통구조 개선 등 장기적이면서도 구조적인 접근이 필요하다.

부동산
A to Z

📖 동산과 부동산

동산은 '動'과 '産'을 합친 말로, 움직이는 재산이라는 뜻이다. 동산에는 돈, 증권, 세간 등이 속한다. 민법 제99조를 보면, '부동산 이외의 물건은 동산으로 규정'하고 있다.

부동산은 동산의 반대로, 움직이지 않는 재산을 뜻한다. 대표적인 예로 토지와 건물을 들 수 있다.

증시도 그렇지만 특히 부동산 관련 기사를 읽으려면 동산과 부동산의 차이는 알고 있어야 한다. 실제로는 이보다 더 복잡하기 때문이다. 토지만 하더라도 기준을 어디에 두느냐에 따라 필지, 획지, 나지, 맹지 등으로 나뉘며, 정착물도 그 성격에 따라 토지 소유자의 소유권 인정 유무가 달라진다. 업계 종사자가 아니고서야 이런 개념까지 알아두긴 쉽지 않다.

핵심은 '부동산이란 무엇인가'가 아니라, '경제기사에서 부동산을 어떻게 바라보고 있는가'이다. 주식을 예로 들어 보자.

우리는 말할 때 주식시장이라고 하지 주식 경제라고 하지 않는다. 주식을 사고파는 것에 중점을 둘 뿐, 그 자체가 하나의 경제 구조를 갖추고 있는 것이 아니기 때문이다. 부동산도 마찬가지다. 부동산이 무엇인지 알려면 '부동산경제'를 공부하면 된다. 하지만 경제기사에서 말하는 부동산은 부동산경제가 아니라 '부동산시장'이다. 부동산을 사고파는, 일종의 수요·공급 원리를 이해해야 한다.

부동산의 특징으로는, 첫째, 공급에 제한이 있다. 토지를 대상으로 하기 때문이다. 그래서 토지를 어떻게 개발·관리해야 할지는 대단히 중요한 문제가 될 수 있다. 둘째, 높은 가격이다. 작은 집 한 채라도 적게는 수천만 원에서 크게는 억 단위로 거래된다. 이때 자연스럽게 은행 대출 시장이 형성된다. 셋째, 가격이 올라도 문제, 내려도 문제이다. 집값이 낮아지면 좋겠다고 생각하지만, 모두가 그렇게 생각하는 것은 아니기 때문이다.

📖 공시지가와 공시가격

공시지가^{公示地價}나 공시가격^{公示價格}은 경제기사에 빠지지 않고 등장하는 용어 중 하나이다. 공시지가란 정부가 매년 전국 토지를 조사해 발표하는 일종의 땅 가격이다. 공시가격은 주택의 가격을 가리킨다. 공시지가와 공시가격은 부동산 거래뿐 아니라 세금 결정에도 중추적인 역할을 한다.

공시제도^{公示制度}는 1989년 노태우 정부 때 도입되었다. 당시 지가체계^{地價體系}의 일원화와 정책 일관성 및 형평성을 목적으로 도입한 '지가 공시^{地價公示}및 토지 등의 평가에 관한 법률'이 도입 배경이었다. 기존에는 기준지가, 토지시가, 과세시가 표준액, 기준시가로 나뉘다 보니 행정상의 낭비가 있었는데, 개선을 통해 지금에 이른다.

공시지가는 표준지공시지가와 개별공시지가로 구분한다. 표준지공시지가란 지역별 토지의 표준 가격을 말한다. 다만 지역 내 모든 토지를 평가하는 것이 아닌 지가 수준과 용도·면적 등을 고려해 그중 대표적인 토지(표준지)를 선정해 평가한다.

> 표준지의 단위 면적당 가격(원/㎡) : 표준지공시지가

올해 1월 1일 기준으로 전국 표준지 50만 필지의 공시지가가 1년 전에 비해 9.42% 오른 것으로 집계됐다. 앞서 표준 단독 주택은 시세 15억 원 이상 고가 주택의 공시가격을 많이 올렸다면, 표준지는 ㎡당 2천만 원이 넘는 고가 토지를 중심으로 공시가를 집중적으로 상향 조정했다. 작년 개발 호재로 땅값이 많이 오르거나 그동안 저평가된 고가 토지가 많은 서울, 부산, 광주 등지는 상승률이 10%를 넘겼다. 시세 대비 공시가격의 비율인 현실화율은 작년 62.6%에서 2.2% 포인트 상승한 64.8%로 파악됐다. …(하략)…

개별공시지가는 표준지공시지가를 기준으로 지자체가 재산정한 개별 토지의 단위 면적당 가격을 말한다. 매년 2월경에 표준지공시지가가 나오면 5월 정도에 개별공시지가가 결정되는 구조이다. 보통 우리가 알고 있는 공시지가는 표준지공시지가가 아닌 개별공시지가라고 보면 된다.

2019 전국 개별공시지가 발표–

서울 12.35% 급등…최고 상승률은 '중구'

○○경제, 2019.06.03

지난 5월 30일 전국 개별공시지가가 발표됐다. 서울시 개별공시 지가는 12.35% 오르며 전국 시도 가운데 가장 큰 폭으로 상승했다. 전국 평균 상승률 역시 8.03%를 기록, 11년 만에 최고 상승률을 보 였다. 전년 6.28%에 비해서도 1.75%P 올라 지난 2008년(10.05%) 수 준에 근접했다. 각종 개발 사업에 따른 토지 수요증가와 교통망 개선 기대, 상권 활성화 등이 주요 상승 요인으로 꼽힌다. …(하략)…

공시가격이란 땅과 주택의 기준 가격을 말하는데, 이것은 조세 및 복지 수급의 기준이 된다. 정부가 표준 단독 주택 공 시가격을 설정하면 이를 다시 개별 단독 주택 공시가격과 공 동 주택 공시가격으로 나누어 발표한다. 그래서 표준 단독 주 택 공시가격을 발표하는 날이면 경제기사에서도 비중 있게 보 도한다.

제4장 경제를 움직이는 핵심 변수 · **177**

공시지가 표준 단독 주택 역대 최대… 용산 35.4% 최고 상승

○○○, 2019.01.24

…(전략)… 올해 1월 1일 기준 전국 표준 단독 주택 22만 가구의 공시가격을 조사한 결과 지난해보다 평균 9.13% 상승했고, 재산세 등 과세 기초가 되는 전국 표준 단독 주택 공시가격 상승률이 역대 최대치를 기록했다. 서울 용산구(35.4%), 강남구(35.01%), 마포구(31.24%)가 전국 시·군·구 중 상승률 각각 1, 2, 3위를 차지했다. …(하략)…

공시가격 상승률이 높아지면 그만큼 세금도 많이 내게 된다. 아래는 4월 공동 주택 공시가격이 발표됐다는 기사인데, 당초 정부의 인상 안에서 조정이 이뤄졌다는 것을 알 수 있다.

올해 공동 주택 공시가 5.24% 인상…하향 요청에 소폭 조정

○○비즈, 2019.04.29

올해 주요 지역의 고가 주택 공시가격이 급등한 여파로 소유자들의 하향 요청이 잇따르면서 전국 공동 주택 공시가격변동률이 당초 예고한 5.32%에서 5.24%로 소폭 낮아졌다. 서울 공동 주택 변동률도 14.17%에서 14.02%로 미세 조정됐다. 공동 주택 이의 신청 건수는 2만8,735건으로 2007년 이후 가장 많았다.

올해 종합부동산세(종부세) 대상이 되는 공시가격 9억 원 이상 아파트는 21만8,163가구로 의견 청취 전인 21만9,862가구보다 1,699가구가 줄었으나 지난해(14만807가구)보다는 7만7,356가구, 54.9%가 늘었다. 종부세 대상 아파트는 서울(20만 3,213가구)이 대다수를 차지했다. …(하략)…

토지 이용도를 높이는 방법

토지를 효율적으로 이용하려면 기준이 있어야 한다. 정부가 정한 용도 지역이 그것이다. 정부에서는 토지를 크게 도시 지역(주거·상업·공업·녹지), 관리 지역(계획 관리·생산 관리·보전 관리), 농림 지역, 자연환경 보전 지역으로 나눈다.

용도 지구는 용도 지역을 보완하는 개념으로, 용도 지역에 따른 건축물의 용도·건폐율·용적률·높이에 따른 제한을 강화 또는 완화한다. 그 외 용도 구역은 용도 지역과 용도 지구를 보완하는 개념이다. 우리가 그린벨트라고 부르는 개발 제한 구역이 여기에 속한다. 용도 지구와 용도 구역을 정비하면 토지 이용도를 높일 수 있다.

서울시, '용도 지구' 56년 만에 손본다···4개 지구 43% 폐지

○○경제, 2018.12.06

···(전략)··· 이번 용도 지구 재정비는 작년 4월 개정된 '국토계획법'에 따른 것으로 규제의 실효성이 없거나 타 법령과 유사·중복되는 용도 지구를 통·폐합해 불합리한 토지 이용 규제를 없애고 시민 불편을 최소화한다는 계획이다. ···(하략)···

또 건폐율과 용적률도 자주 소개되는 개념이다. 대지 면적에 대한 건축 면적의 비율을 건폐율이라 한다. 예를 들어 100평 대지에 80평 건물을 지으면 건폐율은 80%가 된다. 대지 내 최소한의 공지를 확보하는 게 목적이다. 건폐율이 높을수록 토지 가격도 비싸다. 다만 용도 지역별 차이를 두는데, 주거 지역은 보통 60%를 넘지 않는다. 반대로 상업·공업 지역은 70~90% 정도까지 적용한다.

용적률은 대지 면적에 대한 건축물의 연면적 비율을 말한다. 연면적이란 각 층의 바닥 면적으로, 100평 대지에 80평 건물을 4층으로 지었다고 가정할 때 용적률은 320%가 된다. 그래서 용적률이 높으면 높을수록 건물을 높게 지을 수 있다. 이때 용적률도 용도 지역별 차이가 있다는 것을 알아야 한다.

건폐율과 용적률은 국토계획법 시행령에서 정하고 있지만,

어디까지나 상한선일 뿐 실제 결정은 지자체의 도시계획조례에서 이뤄진다. 그렇기 때문에 토지 매입을 고려하고 있다면 직접 지자체 조례를 찾아봐야 한다.

📰 부동산시장을 안정화하는 용어

LTV, DTI, DSR이 무슨 뜻인지 아는가? 이는 일종의 담보 대출 비율인데, 정부는 이를 높이거나 낮춤으로써 부동산시장을 안정화한다. 아래 기사는 2017년 발표한 '8·2부동산 대책' 기사 중 일부분이다. 이를 참고해 용어별 의미를 알아보자.

"투기 수요 철저히 차단하겠다"… 정부, 8·2부동산 대책 발표

○○경제, 2017.08.02

6·19 부동산 대책에도 불구하고 주택시장이 달아오르자 이를 진정시키기 위해 정부가 고강도 대책을 꺼냈다. 특히 투기 수요 차단을 위해 다주택자 양도세를 강화하고 투기 지역 내 주택담보대출 건수를 제한하는 등의 대책이 포함됐다. …(중략)… 다주택자를 겨냥한 금융 규제로는 투기 지역 내 주택담보대출 건수 제한 강화와 LTV·DTI 40% 적용, 중도금 대출 보증 건수 가구당 통합 2건 이하로 제한 등이 발표됐다. …(하략)…

부동산시장의 과열과 함께 투기 목적의 수요가 보인다고 판단한 정부는 투기 과열 지구와 투기 지역을 지정했다. 해당 지역에 지정되면 여러 규제를 받게 된다. 예를 들어 투기 과열 지구는 재건축 조합원 지위 양도를 금지하고, 투기 지역은 주택담보대출을 가구당 1건으로 제한한다.

| 표 15 |

구분	투기 과열 지구 및 투기 지역		투기 과열 지구 투기 지역 및 조정 대상 지역		조정 대상 지역 外 수도권	
	LTV	DTI	LTV	DTI	LTV	DTI
서민 실수요자 (완화)	50%	50%	70%	60%	70%	60%
주택담보대출 미보유(기본)	40%	40%	60%	50%	70%	60%
주택담보대출 1건 이상 보유(강화)	30%	30%	50%	40%	60%	50%

▲ **지역별 LTV, DTI 규제 비율**(일반 주택담보대출 및 집단 대출)

출처: https://finance.naver.com/sise/sise_market_sum.nhn

이번 발표에는 LTV와 DTI 강화도 포함됐다. 먼저 LTV**Loan to Value Ratio**는 주택담보대출 비율을 뜻한다. 주택을 보유한 사람이 이를 담보로 은행으로부터 돈을 빌릴 때 인정받을 수 있는 비율인데, 만약 LTV가 60%이고 3억 원 주택을 담보로 했다면 1억 8천만 원까지 빌릴 수 있는 셈이다. 8·2 대책 발표 당시 LTV는 40~70% 수준이었는데, 이를 40%로 낮췄다.

DTI^{Debt to Income}는 총부채상환 비율이다. 소득 대비 은행에 갚아야 하는 부채의 비율이다. 다른 대출은 없고 주택담보대출 2억 원만 10년간 무이자로 갚아야 한다면 매년 2천만 원을 갚아야 한다. 만약 연소득이 4천만 원이라면 DTI는 50%가 되는 셈이다. DTI 또한 기존보다 비율을 낮춤으로써 규제를 강화했다.

마지막으로 DSR^{Debt Service Ratio}은 총부채 원리금상환비율로, DTI보다 더 까다롭다. DTI가 주택담보대출 연간 원리금상환액에 기타 대출은 연간 이자상환액만 더하지만, DSR은 기타 대출에 연간 이자가 아닌 원리금상환액을 기준으로 둔다. 소득 대비 부채 범위가 넓어지니 그만큼 대출받기도 어렵다.

실업률을
해석하다

📖 실업이란

일할 의사와 능력이 있어도 일자리를 갖지 못한 상태를 실업失
業이라 한다. 핵심은 '일할 의사'에 있다. 일할 의사가 없는 사람
을 구직 단념자라고 하는데, 이때는 경제활동 인구가 아닌 비
경제활동 인구로 분류한다. 그러므로 일할 의사가 있는지 없는
지 판단하는 것이 중요하다.

국제노동기구ILO에서는 이력서를 내는 것과 같이 실제 구직
활동이 이뤄져야 일할 의사가 있다고 본다. 일하고 싶은 마음
은 굴뚝같아도 아무런 구직 활동도 하지 않았다면 실업자에 해

당하지 않으므로, 일할 의사를 나누는 기준은 시험 응시에 있다. 실물 경제에는 이렇다 할 변화가 없어도 실업률이 급증할 수 있다는 뜻이다.

공시 접수 기간이 언제이냐에 따라 월별 실업률도 차이가 난다. 그러므로 청년 실업률 해석할 때 꼼꼼하게 체크해야 한다.

공무원 시험에 출렁이는 청년 실업률…체감 25.2% '최고'

○○일보, 2019.05.15.

…(전략)… 비경제활동 인구로 분류되던 공시생도 응시하는 순간 실업자로 집계되기 때문에 시험 일정에 따라 월별 실업률은 등락이 클 수밖에 없다. 청년층이 공시에 몰리면서 원서 접수 기간에 따라 실업률이 출렁이는 것은 비정상적 구조라는 지적이 나온다.

통계청이 15일 발표한 '2019년 4월 고용 동향'에 따르면 지난달 실업률은 4.4%로 전년 같은 달 대비 0.3%포인트(p) 상승했다. 실업자 수는 지난해 4월보다 8만4,000명 늘어난 124만5,000명으로 집계됐다. …(하략)…

📖 실업률 계산법

| 그림 3 |

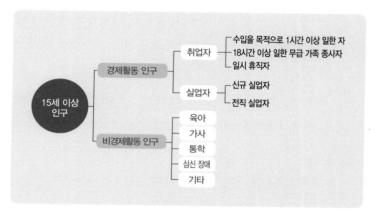

▲ 경제활동 인구의 구분

출처: 한국은행

(https://www.bok.or.kr/portal/bbs/B0000219/view.do?menuNo=200148&nttld =236072)

예를 들어 경제활동 인구가 100명이고 취업자는 97명, 실업자는 3명이라고 하자. 반면 비경제활동 인구는 50명일 때 실업률(실업자 수/경제활동 인구 수)을 계산하면 3%이다. 비경제활동 인구가 아무리 많더라도 실업률은 일할 의사를 가진 경제활동 인구만을 계산하기 때문이다.

여기에 정년을 채우고 은퇴한 A 씨가 있다. 앞으로 더 일할 의사가 없다면 A 씨는 비경제활동 인구에 속할 것이다. 실업률 또한 3%(3/100)에서 3.03%(3/99)로 상승한다. 실업자 수 3명에는 변함이 없지만, 경제활동 인구 자체가 감소한 결과이다.

반대로 일할 의사를 갖고 열심히 구직 활동을 해도 일자리를 갖지 못해 구직을 포기한 B 씨를 생각해 보자. 실업자 3명 중 한 명이 B 씨라는 뜻이다. 그는 이제 일할 의사가 없기 때문에 비경제활동 인구로 집계된다. 실업률도 3%(3/100)에서 2.02%(2/99)로 하락한다. 물론 B 씨의 속마음은 다르겠지만, 통계만 봤을 때 실업률은 분명 감소했다. 정교한 실업 대책을 마련하는 데 어려움이 있다는 뜻이다.

📰 알쏭달쏭 취업 실업

실업률은 통계청에서 발표한다. 2019년 9월 실업률은 3.1%다. 반면 체감 실업률은 두 자릿수를 웃도는 상황이어서 현실과 동떨어진 결과라는 비판이 꾸준히 제기되고 있다. 통계청도 이를 알고 있는지, 자주 하는 질문을 별도로 제공한다. 이 내용만 알아도 실업에 대한 궁금증은 많이 해소할 수 있다.

다음은 취업자 분류에 포함하는 조건을 정리한 것이다. 취업자에 속하는 기본 조건이 무엇인지 알아보자.

① 1주일에 1시간만 일해도 취업자에 속한다.

주 40시간 근로시간에 비춰볼 때 1시간만 일한 것이 어떻게 취업자에 속하는지에 대해 의구심이 생기는데, 이는 ILO 국제기준을 따랐기 때문이다. ILO에서는 근로 형태와 관계없이 수입을 목적으로 1주 동안 1시간 이상 일하면 모두 취업자로 본다.

② 우선성 규칙이 있다.

예를 들어 편의점에서 아르바이트를 하는 사람이 입사 지원서를 냈다고 하자. 아르바이트만 놓고 보면 취업자이지만 입사 지원서를 냈으므로 실업자이다. 이처럼 복수의 상태에 놓일 경우 ILO는 취업자, 실업자, 비경제활동 인구 중 하나에 배타적으로 귀속한다고 본다. 취업자가 실업자에 우선하기 때문에 이 경우 취업자에 속한다.

③ 지표는 계절 영향을 받는다.

농번기인 4~10월에는 농림어업 취업자 수가 증가하고, 농한기인 11~3월에는 감소한다. 또 졸업이나 채용 시험이 있으면 구직 활동이 활발해져 실업률이 높게 측정되기도 한다. 그러므로 고용 지표는 지난달 대비로 보는 것보다 전년 같은 달 대비로 해석하는 것이 일반적이다.

📖 고용 보조 지표

공식 실업률이 너무 낮다 보니 정책 실효성이 떨어져 보조 지표의 필요성이 제기됐다. 체감 실업자 개념을 적용한 고용 보조 지표가 그것이다. 고용 보조 지표에는 취업자임에도 충분히 일하지 못하는 자(시간 관련 추가 취업 가능자), 취업할 의향이 있는 비경제활동 인구(잠재 경제활동 인구)를 포함된다. 고용 보조 지표를 도입하면 그만큼 실업률도 상승하지만, 정책 설계 및 집행은 정교해진다. 통계청은 **고용 보조 지표 1, 2, 3**을 발표한다.

| 표 16 |

고용 보조 지표별	12월	11월	10월	9월	8월	7월
고용 보조 지표1(%)	5.7	5.4	5.7	5.9	6.4	6.0
시간 관련 추가 취업 가능자	624	597	620	657	654	657
고용 보조 지표2(%)	9.4	8.7	9.0	9.2	9.6	9.3
잠재 경제활동 인구	1,817	1,683	1,720	1,730	1,723	1,729
−잠재 취업 가능자	48	41	54	45	53	51
−잠재 구직자	1,769	1,642	1,666	1,685	1,670	1,678
고용 보조 지표3(%)	11.5	10.7	11.1	11.4	11.8	11.5
실업자	944	909	973	1,024	1,133	1,039
경제활동 인구	27,582	28,092	28,063	28,079	28,039	28,123
확장 경제활동 인구	29,399	29,775	29,782	29,809	29,762	29,852

▲ **고용 보조 지표별 구분**(기준 2018년, 단위: 천 명)

출처: KOSIS 국가통계포털

| 표 17 |

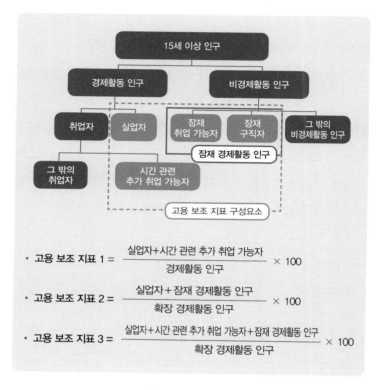

▲ 고용 보조 지표

출처: 통계청(https://kostat.go.kr/understand/info/info_lge/1/detail_lang.action?bmode=detail_lang&pageNo=2&keyWord=0&cd=SL4402&sTt=)

표 17은 지난 2018.7월~12월까지의 고용 보조 지표 결과를 나타내고 있다. 7월을 계산해 보면 실업률은 3.69%(1,039/28,123), **고용 보조 지표 1**은 6%((1,039+657)/28,123) 정도 된다. 공식 통계에 따르면 1주일에 2시간 아르바이트를 한 사람은 취업자에 속하지만, 이것을 제대로 된 일자리로 보기 어렵다. 그러므로 시간 관련 추가 취업 가능자로 집계한다.

같은 원리로 **고용 보조 지표 2**를 계산하면 9.3%((1,729+1,039)/(1,729+28,123)), **고용 보조 지표 3**은 11.5%((657+1,729+1,039)/(1,729+28,123))가 된다. 계산해 보면 공식 통계와 비교할 때 3배 이상의 차이가 난다.

우리는 고용 보조 지표를 보며 실업 상태를 보다 정확히 파악할 수 있다.

총성 없는 전쟁,
환율

📰 환율 상승과 하락

대부분의 나라는 자기만의 화폐를 사용한다. 그래서 국가끼리 거래를 할 때 화폐 교환은 필수이다. 우리가 미국으로 수출한 상품의 대금을 달러로 받았다면 이를 사용하기 위해서는 다시 원화로 바꾸고, 중국에 사는 사람에게 돈을 보내려면 위안화로 바꿔야 한다. 일본(엔화), 유럽(유로)도 마찬가지이다. 이때 화폐 간 거래 비율을 가리켜 환율이라 한다.

환율은 외환시장에서 결정된다. 외환이 많아지면 환율이 하락하고(원화 평가 절상), 반대로 외환이 줄어들면 환율은 상승한다(원화 평가 절하). 환율이 하락하면 수입에 유리하고, 상승하면 수출에 유리하다. 그러니 급격한 환율 변동을 방지하면서도 적정 수준을 유지하는 것이 환율 정책의 목표라 하겠다.

외환 당국 "환율 과도한 변동성 우려… 쏠림 예의 주시"

○○뉴스, 2019.05.16

외환 당국은 16일 원/달러 환율 상승 속도가 너무 과도하다고 보고 예의 주시 중이라고 밝혔다. 외환 당국 관계자는 이날 ○○뉴스와 전화 통화에서 "환율이 너무 많이 빨리 간다"고 말했다. 그는 "과도한 변동성에 우려하고 있고, 지나친 쏠림이 있는지 예의 주시하고 있다"고 덧붙였다.

위 기사에 '외환 당국'이라는 용어가 나오는데, 외환 당국은 정부 또는 한국은행이라고 생각하면 된다. 기사를 읽어 보면 외환 당국 입장은 '예의 주시하고 있다' 정도에 그치는데, 이것은 일종의 '신호'이다. 예의 주시해도 쏠림 현상이 계속되면 달러 매도처럼 외환 당국이 외환시장에 직접 개입하는 것이다.

외환시장의 안정화라는 명분 외에도 환율 경쟁력 확보를 위해 당국이 개입할 때도 있다. 같은 조건이라면 자국 화폐 가치가 낮을수록 수출에 유리하다. 물론 타국 입장에서는 속이 탈

것이다. 자국 산업의 경쟁력이 그만큼 떨어지기 때문이다. 그래서 외환시장 개입 여부는 종종 국가 간 무역 갈등으로 번지기도 한다.

🏷 환율 약세를 유도하는 이유

| 표 18 |

중국 판매 가격	환율	관세	미국 판매 가격
¥1,400	7.0¥/$	–	$200
	7.0¥/$	10%	$220
	7.7¥/$	10%	$200

▲ 환율과 관세의 관계

출처: 기획재정부 경제배움e

일반적으로 관세를 부과하면 해당 상품의 가격이 높아지기 때문에 경쟁력을 잃기 마련이다. 하지만 환율 조작을 통해 관세 부과의 효과를 상쇄할 수 있다.

표 18은 1달러당 7위안의 환율을 두고, 중국에서 1,400위안에 거래되는 상품에 관세를 부과했을 때의 결과를 나타내고 있다.

먼저 미국이 관세를 부과하지 않았을 때는 환율이 그대로 반영되므로 이 상품은 미국에서 200달러에 판매될 것이다. 그런데 미국이 10%의 관세를 부과했다고 가정하면, 관세는 상품 가격에 반영되므로 220(200×1.1)달러가 된다.

반대로 중국이 환율을 조작해 편의상 달러당 7.7위안이 됐다고 생각하자. 이제 상품의 가격은 182(1,400÷7.7)달러로 하락한다. 미국이 10%의 관세를 부과하더라도 가격은 종전의 200달러를 넘지 않는다. 환율 조작으로 인해 관세 부과가 무력화된 셈이다. 국제 경제에서 환율 시장을 전쟁에 빗대는 이유가 여기에 있다. 물론 환율 조작은 한계와 부작용이 뒤따르게 된다는 점을 기억하자.

📑 환율 조작국 지정

미국은 한국의 주요 수출국이자 세계 경제에서 차지하는 비중도 상당하다. 그렇다 보니 중국에서도 엄청난 양을 수입하는데, 당연히 미국 입장에서는 만성적인 무역 적자에 시달릴 수밖에 없다. 지난 2016~2018년 미국의 적자 중 절반 이상은 중국이었다.

만약 한국이나 중국이 고의로 환율을 낮춘다면 어떨까. 미국의 무역 적자는 더욱 심해질 것이다. 그렇다 보니 미국은 주요 수입국 환율 변동에 예의 주시하는데, 그중 이슈가 됐던 것이 '환율 조작국 지정'이다.

미국은 매년 4월과 10월 두 차례에 걸쳐 환율 보고서를 작성한다. 2015년 교역 촉진법에서는 대미 무역 흑자 200억 달러 이상, 경상수지 흑자 국내총생산 대비 2% 이상, 외환시장 달러 순매수 국내총생산 대비 2% 이상(6개월 이상 지속) 세 가지 요건을 들고 있다. 이 중 모두에 해당하면 환율 조작국에, 2개 항목에 해당하면 관찰 대상국으로 분류된다.

2016년 4월 첫 보고서가 발표된 이후 한국은 7차례 연속 관찰 대상국으로 분류됐다. 환율 조작국으로 분류되면 여러 경제 제재를 받게 되는 만큼 관찰 대상국은 일종의 경고 조치다. 최근 미국의 보호무역기조가 뚜렷해지면서 외환시장도 크게 긴장하는 모양새이다.

미 재무부, 한국·중국 '환율 관찰 대상국' 유지

○○○, 2019.05.29

…(전략)… 한국은 이번 보고서 작성에서는 1가지 요건만 충족했다. 지난해 10월 보고서에선 '210억 달러 무역 흑자', '경상 흑자 지디피 대비 4.6%' 2가지 요건을 넘어섰지만, 이번엔 미국으로부터 화학제품·유류 등 수입이 증가해 무역수지 흑자 폭이 180억 달러로 줄었기 때문이다. 미 재무부는 보고서에서 "올해 하반기 환율 보고서 작성 시에도 한국이 3가지 요건 가운데 1가지만 충족할 경우 관찰 대상국에서 제외하겠다"고 명시했다. …(하략)…

이번 발표에서도 한국은 관찰 대상국으로 분류됐으나, 그렇다고 안심할 단계는 아니다. 미국은 지난 18년 4월 발표에서 한국을 관찰 대상국으로 지정하면서 동시에 외환 개입 내역을 공개할 것을 요구한 바 있다. 이에 한국은 2019년부터 외환시장 개입 내역을 공개했다. 앞으로 정기적 공개를 지속하는 만큼 당국의 외환시장 관리 또한 복잡해질 것으로 예상된다.

📰 강세와 약세를 반복하는 달러 인덱스

달러 인덱스란 경제 규모가 크거나 통화 가치가 안정적인 주요국 화폐 가치와 비교해 미국 달러의 가치를 지수화한 것이다. 주요국 화폐로는 유로, 엔, 파운드, 달러, 크로나, 프랑이 있다. 여기에는 SDR과 달리 위안화는 속하지 않았다.

美 금리 인하 시사에 금융시장 출렁…주가↑ 달러·금리↓

○○뉴스, 2019.06.20

…(전략)… 반면 연준의 금리 인하 가능성 시사로 인해 달러는 급락했다. 주요국 통화 대비 달러화 가치를 보여 주는 달러 인덱스는 이날 96.755로 0.3% 하락했다. 엔/달러 환율은 107.47엔으로 0.5% 떨어지며 6개월 만에 최저를 기록했고 원/달러 환율도 1,162.10원으

로 전날보다 14.0원이나 급락했다. ···(하략)···

달러 인덱스 계산 방법은 코스피와 비슷하다. 1973년 기준치를 100으로 하는데, 현재 달러 인덱스가 120이라면 이때에 비해 1.2배 올랐다는 뜻이다. 위 기사에서는 96.755로 나오는데, 기준보다 약 3.2% 떨어진 셈이다.

달러 인덱스 추이를 보면 달러가 강세였던 때와 그렇지 않았던 때를 알 수 있다. 미국 경기가 부진하면 달러 인덱스도 하락하는데, 서브프라임 모기지 사태subprime mortgage crisis, 미국의 초대형 모기지론 대부업체들이 파산하면서 시작됨. 이 사태는 국제금융시장에 신용 경색을 불러온 연쇄적인 경제위기를 말함 때는 70.69까지 낮아졌다. 반면 1985년 라틴아메리카 경제위기 때 164.72까지 치솟았다.

달러 인덱스가 중요한 이유는, 국제 시장에서 통용되는 화폐가 원화와 달러 두 가지만 있는 것은 아니기 때문이다. 원화만 놓고 보면 달러가 강세일 수 있지만, 유로나 엔화와 비교하면 약세일 수도 있다. 그렇다 보니 평균적인 달러 가치를 파악할 때는 환율 대신 달러 인덱스를 쓴다.

📰 대외안정성

국가의 신용등급을 평가하는 기관이 있다. 대표적으로 무디스 Moody's나 피치Fitch, 스탠더드&푸어스S&PStandard & Poor's를 들 수 있는데, 이들을 가리켜 3대 국제 신용 평가사라고 한다. 국제 신용 평가사에서 신용등급이 높다고 인정받으면, 해당국의 대외 신인도가 높아질 뿐 아니라 민간 기업의 해외 자금 유치에도 도움 된다.

지정학적 위험 완화… 국가신용등급 올라가나

○○뉴스, 2018.04.27

남북이 27일 역사적인 정상회담에 돌입하면서 이번 회담의 성과가 한국의 대외 신인도 향상과 코리아 디스카운트 해소로 이어질지 주목된다. 국제 신용 평가사들은 최근 북한과의 관계 개선으로 한국의 지정학적 위험이 완화되고 있다고 평가하면서 남북과 북·미 정상회담에서 실질적 성과가 도출되는지 주시하고 있다. …(하략)…

당시 무디스 기준에 따른 한국의 신용등급은 Aa2다. Aa2는 세 번째로 높은 수준이다. 가장 높은 등급은 Aaa, 그다음은 Aa1 이다. Aa2, Aa3 다음으로는 A1~A3 등급이 위치한다. 참고로

Baa1~Baa3까지는 투자 등급, 그 이하는 투기 등급으로 분류한다. S&P나 피치의 신용등급을 분류하는 기준도 비슷하기 때문에 B, C로 시작한다면 신용등급이 상대적으로 낮다고 해석하면 된다.

이번 남·북 정상회담을 통해 '한반도 리스크'를 해소하면 신용등급도 상승할 수 있지 않겠냐는 기대감이 일었다. 하지만 실제 상승으로까지 이어지지 않고, Aa2를 유지했다. 무디스는 비핵화와 항구적 평화 구축에 따른 실행 방안의 부재, 북·미 관계의 불확실성 등을 결정 이유로 신용등급 상승이 어렵다고 밝혔다.

한국은행 "북·미 정상회담 합의 결렬, 시장 영향 제한적"

○○파이낸스, 2019.03.04

…(전략)… 한은은 북·미 합의 결렬 소식이 국제금융시장에 미친 영향은 제한적이었다고 봤다. 한국물의 경우 외국환평형기금채권(외평채)에 붙는 가산금리, 국가 부도 위험을 나타내는 신용부도스와프(CDS) 프리미엄도 대체로 안정적이었다고 평가했다. …(하략)…

위 기사는 이에 대한 한국은행의 전망을 기사화한 것이므로, 제2차 북·미 정상회담이 별다른 소득 없이 끝나면서 금융시장

에 미치는 영향을 우려하는 목소리가 있었다.

한국은행은 회담 결렬이 미친 영향은 크지 않다고 분석했다. 그 근거로 소개하는 개념이 외국환평형기금채권의 가산금리와 신용부도스와프^{CDS, Credit Defalut Swap} 프리미엄이다.

외국환평형기금채권이란 외국환평형기금의 재원 조달을 위해 정부가 발행하는 채권이다. 줄여서 외평채라고 한다. 여기에 붙는 가산금리가 어느 정도이냐에 따라 우리 경제의 대외안정성 평가도 달라진다. 만약 경제가 안정적이라면 가산금리도 낮다. 그만큼 외국이 우리에게 돈을 잘 빌려준다는 뜻이기 때문이다. 반대로 가산금리가 높아진다는 것은 그만큼 돈을 빌리기 어렵다는 뜻이 된다.

신용부도스와프 프리미엄도 같은 원리이다. 채무 불이행과 같은 신용 위험에 대비하기 위해 만든 일종의 파생상품인데, 국가나 기업의 재정 상태가 악화돼 부도 위험이 증가하면 CDS 프리미엄도 높아지고, 이 값이 커질수록 신용 위험도 높다.

참고로 2019년 2월 한국은행이 발표한 한국의 5년 만기 외국환평형기금 CDS 프리미엄은 32bp였다. 세계에서 14번째로 낮은 수준이다. 글로벌 금융위기인 2008년 10월에 699bp를 기록할 만큼 급등했지만 2012년 9월 이후로는 100bp 선을 넘지 않고 있다.

제5장

국내 이슈

· 06 ·

한국 경제,
어디까지 왔나?

🕮 성장과 후퇴를 반복하다

경제는 성장과 후퇴를 반복한다. 경제활동이 활발해지면서 경기가 최고치에 도달하면 정점, 반대로 경제활동이 둔화되면 저점을 찍는다. 이를 가리켜 경기순환이라고 한다. 정리하자면, 경제는 좋아졌다가 나빠지는 것을 반복하며 성장한다고 생각하면 좋겠다.

현실 경제에서 경기순환을 해석하려면 저점과 정점이 분명해야 한다. 이를 나타내는 개념이 기준 순환일이다. 기준 순환일은 통계청이 작성·발표하며, 한국 경제는 11주기에 있다. 통계가 작성된 이후부터 11번의 경제순환을 거쳤다는 뜻이다. **그래프 15**를 보면 11번의 경제순환을 거치는 동안 정점과 저점에 생긴 사건을 알 수 있다.

첫 경기순환기는 1970년대 제1차 석유 파동이 있었던 시기이다. 경기순환기가 가장 길었던 시기는 제6 순환기로, 무려 67개월이나 지속됐다. 반대로 가장 짧았던 주기는 제7 순환기였다. 이 시가에 외환위기로 인해 경기가 바닥을 찍었고, 이후 IT 산업이 확장세를 보이다 버블이 터졌다.

제11 순환기의 저점은 2013년 3월이다. 이때부터 정점까지가 확장 국면이다. 만약 2017년 5월이 정점이라고 할 때 2013년 3월부터 2017년 5월까지 경기가 점차 좋아지다 5월부터 다시 나빠지기 시작했다고 보면 된다.

| 그래프 15 |

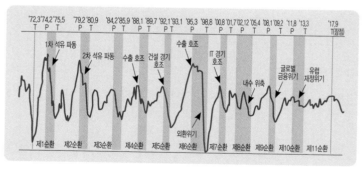

▲ **경기순환 국면**(P: 정점(Peak), T: 저점(Trough))

출처 : 통계청

📰 최근 경기 저점

불확실한 대내외 경제 상황에서 기준 순환일 설정은 경기를 연구·분석하는 데 유용한 자료로 활용한다. 최근 제11 순환일의 정점 일을 두고 해석이 분분한 이유도 여기에 있다. 무엇보다 경기 상황에 대한 국가기관의 최종적 판단이니만큼 통계청도 신중하게 발표한다.

통계청은 제11 순환기 경기 정점 설정 소요 기간이 과거에 비해 짧은 점, 동행지수 순환변동치 대비 GDP 순환변동치의 변동이 미미한 점 등을 문제 삼아 추가 논의가 필요하다는 입장(2019. 06)을 밝혔다. 즉 발표가 보류된 셈인데, 이를 두고도 통계청이 충분히 조사 후 발표해야 한다는 입장과 이미 드러난 경기 부진을 인정하지 않는 것이라는 입장이 맞섰다.

그러다 같은 해 9월, 통계청은 기준 순환일을 공식 발표했다. 한국 경제는 2017년 9월쯤 경기 정점을 찍은 후 계속 위축되는 것으로 나타났다. 이로써 제11 순환기의 경기 상승은 54개월로 확정됐다.

하강 국면은 다음 통계청 발표를 기다려야 하는데, 경기가 반등하지 않는다면 24개월 이상 이어갈 것으로 예상된다.

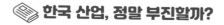 **한국 산업, 정말 부진할까?**

한국은 제조업이 강한 나라로, 주력 산업인 철강, 석유 화학, 반도체, 기계, 자동차, 조선, 디스플레이 등은 세계 어디에 내놔도 손색없을 수준이다. 그러나 최근 경제 전망이 나빠지면서 제조업 위기와 같은 우려의 목소리도 나오고 있다. 하지만 여전히 한국 경제에서 제조업이 갖는 위상에는 변함이 없다.

제조업을 포함한 한국 산업 전반의 움직임은 어떻게 알아볼 수 있을까? 이를 나타내는 지표로 산업 활동 동향이 있다. 산업 활동 동향은 생산, 소비, 투자, 경기 동향으로 구분해 주요 지수를 발표한다. 다음은 통계청이 발표한 2019년 4월 산업 동향을 요약한 것이다.

2019년 4월 산업 활동 동향(요약)

- (생산) 전 산업 생산은 광공업*과 서비스업** 등의 생산이 늘어 전월에 비해 증가

  * 반도체, 석유 정제 등을 중심으로 증가

  ** 전문·과학·기술, 교육 등을 중심으로 증가

- (소비) 소매 판매는 가전제품, 통신기기·컴퓨터 등의 판매가 줄어 전월에 비해 감소

- (투자) 설비 투자는 기계류 투자가 늘어 전월에 비해 증가,

건설 기성은 건축 및 토목 공사 실적이 모두 줄어 전월에 비해 감소
• (경기) 동행지수 순환변동치와 선행지수 순환변동치는 모두 전월과 동일한 수준

동행지수 순환변동치와 선행지수 순환변동치는 동행종합지수·선행종합지수에서 각각 추세 요인을 제거한 지표이다. 이 지표는 경기 국면이나 전환점 파악할 때 이용한다. 동행지수 순환변동치는 2018년 4월 100.5에서 하락하기 시작해 이듬해 3월 98.5까지 떨어졌다. 선행지수 순환변동치는 2018년 6월 100.4에서 3월 98.2로 떨어지다 4월 들어 하락이 멈췄다.

| 그래프 16 |

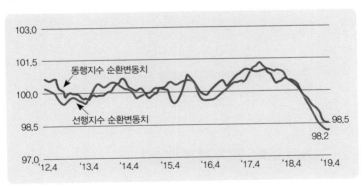

▲ 동행지수·선행지수 순환변동치

출처 : 통계청

주목할 것은 하락세를 보이던 동행·선행지수가 보합세를 보였다는 점이다. 특히 10개월이나 연속 하락한 일은 처음이었다. 과거 석유 파동 때에도 8개월(1971. 07~1972. 02), 글로벌 금융 위기에는 5개월(2008. 04~2008. 08), 심지어 외환위기 때에도 6개월(1997.09~1998. 02) 연속에 그쳤다. 이를 두고 경제 반등의 신호로 볼 수 있는 긍정적인 결과라는 전망과 불확실함이 존재하는 만큼 섣부른 판단은 금물이라는 전망이 엇갈리고 있다. 언론에서는 다음과 같은 제목으로 소개했다.

- 경기 바닥 찍었나… 동행·선행지수 하락 멈춰

  — ○○○, 2019.05.31

- 4월 생산·투자 두 달 연속↑… 경기 흐름 지표는 '최장기간' 하락 세 멈춰

  — ○○○, 2019.05.31

- 경기 지표 동반 하락 11개월 만에 멈춰…개선 판단은 시기상조

  — ○○○경제, 2019.05.31

🖚 가동률 하락, 경기 부진 신호?

생산 활동을 나타내는 지표로 가동률이 있다. 생산 설비가 어

느 정도 이용되는지를 나타내는 경제지표이다. 가동률은 생산 실적/생산 능력으로 계산하는데, 여기서 생산 능력이란 사업체가 정상적인 설비·인력·시간 등 제대로 된 조업 환경에서 생산할 때 최대 생산 가능량을 말한다. 이렇게 산출된 가동률을 통해 경제 상황을 판단해볼 수 있다.

식어가는 엔진…공장 가동률 72.8%, 외환위기 후 최저

○○경제, 2018.11.11

제조업 공장 가동률이 2년 연속 저조하다. 지난해 외환위기 후 가장 낮았던 데 이어 올해도 9월까지 비슷한 수준에 머물렀다. 산업 구조조정으로 생산 시설 효율은 높아졌지만, 투자 부진이 계속되는 탓에 생산이 충분히 늘지 못한 것으로 풀이된다. 11일 통계청에 따르면 올해 1~9월 제조업 평균 가동률은 72.8%로 같은 기간 기준으로 1998년(66.8%) 이후 가장 낮다. 이는 지난해와 같은 수준이다. …(하략)…

우리 경제에서 제조업이 차지하는 비중이 크다 보니, 제조업 가동률이 낮아지면 위 기사처럼 제조업 생산 부진을 우려하는 이야기가 나온다. 경제의 활력이 떨어질 수 있다는 이유에서이다.

물론 가동률이 높으면 그만큼 생산이 잘 이뤄진다는 뜻이므로 가동률 하락에 예의 주시해야겠지만, 그렇다고 높은 가동률을 꼭 유지해야만 하는 것은 아니다.

경기 침체 상황에서 가동률이 높아지는 것은 경기 회복의 신호이다. 그러나 경기가 호황이라면 얘기는 달라진다. 오히려 물가 상승을 유발할 수 있다. 기업 입장에서 충분한 생산 능력(유휴 설비)을 보유하고 있을 때는 생산량이 늘어나더라도 가동률은 높아지지 않는다. 대규모 설비 투자가 이뤄지거나 조업일수가 늘어났을 때가 여기에 해당한다.

생산의 감소나 확대를 따져보는 것도 중요하다. IBK 경제연구소의 〈국내 제조업 가동률 하락의 양면성(2018. 08)〉에 따르면 제조업 생산 지수와 생산 능력 지수 모두 개선된 것으로 보인다. 특히 2016~17년 반도체 설비 투자 급증은 생산 증가 효과를 상쇄 시켜 가동률 하락에 상당한 영향을 줬다고 분석했다. 핵심은 가동률 분석할 때 생산과 생산 능력 모두를 따져 볼 줄 알아야 한다는 점이다.

대부분 경제기사는 가동률 하락을 생산 감소로 해석하는 경우가 잦다. 물론 최근 경기 상황에 비춰볼 때 우려할 만하나, 일방적인 해석에 주의해야 한다.

· 07 ·

보편적 복지,
문재인 케어

📖 보편적 복지 도입

모든 사람이 재정적 어려움을 겪지 않으면서 양질의 필수 건강 서비스를 받을 수 있도록 보장하는 것을 보편적 건강보장**UHC, Universal Health Coverage**이라 한다. 접근(국민 누구나 이용), 범위(보장 부분), 재정(재정적 부담 수준) 모두 일정 수준을 충족해야 하며 여기에서 하나라도 빠지면 보편적 건강보장이 이뤄진다고 보기 어렵다.

우리나라는 국민건강보험법에 따라 사실상 전 국민이 건강보험에 가입하고 있어 첫 번째 기준은 이미 달성한 것과 같다.

문제는 범위와 재정인데, 보장 범위와 적용 대상을 확대할수록 이는 의료비 부담이라는 부메랑으로 돌아온다. 여타 경제 현안이 그렇듯 원만한 사회적 합의가 도출되는 것이 가장 중요하다.

같은 관점에서 최근 주목받는 문재인 케어에 대해 짚어볼 필요가 있다. 건강보험 보장성 강화로 대표되는 이번 정책은 건강보험 보장률을 높여 가계의 병원비 부담을 낮추는 것을 골자로 한다.

문재인 케어(건강보험 보장성 강화 대책) 주요 내용

자료: 보건복지부, 2017.08

- 환자가 전액 부담해야 했던 3천8백여 개의 비급여 진료 항목에 대해 2022년까지 단계적으로 건강보험을 적용 (MRI나 로봇 수술 등이 대표적)

- 환자의 부담이 큰 3대 비급여는 단계적으로 해결(3대 비급여: 간병비, 선택 진료비, 상급 병실료)

- 올해(2017) 안에 15세 이하 어린이 입원 진료비의 본인 부담률을 현행 20%에서 5%로 낮추고, 중증 치매 환자의 본인 부담률도 10%로 낮춤

의료비 중 건강보험의 혜택을 받을 수 없는 부분을 비급여

항목이라고 한다. 비급여는 온전히 환자의 몫이다. 정부는 미용·성형·라식 같은 의료 행위 외에는 모두 건강보험을 적용해 건강보험 보장률을 2017년 기준 62.7%에서 2022년 70% 수준까지 확대하기로 했다. 이른바 '비급여의 급여화'를 적극적으로 추진하겠다는 뜻이다.

| 표 19 |

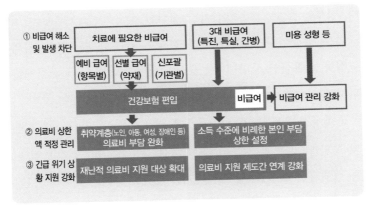

▲ 보장성 강화 정책 방향 및 추진 방안(2017. 08)

출처: 보건복지부

📖 재원 고갈을 염려하다

건강보험의 보장성을 강화한다는 데에 반대할 사람은 없다. 문제는 재원이다. 이번 정책에 투입될 예상 금액은 30조 6,000억 원이다. 정부는 건강보험적립금(20조 원) 일부를 활용함과 동시에 건강보험료 인상과 국고 추가 지원으로 충당하겠다는 계획이다. 한편 장기 입원이나 과도한 외래 진료 등 의료 쇼핑 감시를 강화해 지출 규모도 줄이기로 했다.

이런 정부의 대책에도 재정 수지 악화를 걱정하는 목소리가 끊이지 않는다. 실제로 2017년 7,077억 원으로 흑자를 보이던 건강보험 재정 수지는 2018년 들어 1,778억 원 적자로 나타났다. 정부는 소모성 지출이 아닌 계획된 적자이며, 그 폭도 크지 않다는 입장이다. 그러나 미래 한국은 급속한 출산율 감소와 고령화가 확실한 상황이다. 그러니 앞으로의 재정 적자 확대를 우려하는 시각도 무시할 수 없다.

국회예산정책처 자료(건강보험 보장성 강화 대책 재정 추계, 2017. 11)에 따르면 정부의 재정 절감 유무에 따라 건강보험 누적 적립금은 2026년에 소진되거나, 2027년에 4.7조 원 정도가 남아 있을 것으로 추정된다.

| 그래프 17 | | 그래프 18 |

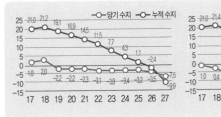

▲ 건강보험 재정 수지 추이 –
1안: 기본(모델 단위: 조 원)

출처: 국회예산정책처

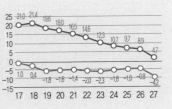

▲ 건강보험 재정 수지 추이 –
2안: 재정 절감 효과 고려

출처: 국회예산정책처

그래프 17과 **그래프 18**을 비교해서 보면, 더욱 쉽게 이해할 수 있다. 이 그래프는 어디까지나 강화 대책에 따른 추정치를 정리한 것이니 이보다 빨라지거나 늦어질 수 있다. 다만 안정적 운영이 필수인 국민 보험의 특성에 비출 때, 정부의 장기적 대응 방안과 국민에 대한 설득 작업이 필요하다.

📰 '병원비 걱정 없는 나라' 아닌, '병원 없는 나라' 우려

문재인 케어 도입에 대한 반발의 목소리도 거셌다. 특히 대한 의사협회는 반대 집회를 열 정도로 강경한 모습을 보였다. 이

들은 정부의 일방적인 정책을 문제 삼으며, 예비 급여를 철회
하지 않으면 전국 의사 총파업 등 강경 투쟁에도 들어갈 수 있
다는 입장을 밝혔다.

대한의사협회가 반대하는 이유는 크게 세 가지로 요약할 수
있다.

① 비급여 항목들이 비급여로 분류된 이유가 있다.

치료 효과가 낮거나 신의료 기술의 경우 일단 비급여로 도입
한다. 명확한 원칙 없이 전환하면 재정에 막대한 부담만 초래
할 수 있다는 염려 때문이다. 그러므로 점진적·단계적 급여화
가 우선시돼야 한다.

② 의료 이용 선택의 제한 문제가 생길 수 있다.

급여화는 거기에 맞는 기준이 있다. 기준에 부합되지 않으면
보험 적용, 즉 의료 서비스를 받을 수 없다는 뜻이다. 응급 환
자나 악성 종양 등은 개인 부담으로 치료를 받고 싶어도 그러
지 못하는 상황이 발생하거나 의사 역시 급여 제한 때문에 원
하는 치료를 할 수 없게 된다.

③ 낮은 수가도 문제이다.

수가酬價란 일하고 받는 돈이라는 뜻으로, 일종의 진료비이다.
그동안 의료계는 저수가 문제를 비급여로 보전했다. 그러다
전면 비급여는 오히려 중소 병원의 폐업과 도산을 앞당길 것
수 있으니 국고 지원과 건강보험료 인상을 통한 재정 확대가

먼저라고 본다.

재정 확보가 우선이다

찬성 입장에서는 문재인 케어를 도입하더라도 보장률이 70%에 그치는 점을 지적한다. OECD 평균 보장률인 80%에 비하면 여전히 낮으니 오히려 더욱 적극적인 대책 마련을 주장한다.

또 비급여를 전면 급여화 해서 '비급여 풍선효과'를 없애야 한다는 의견도 있다. 비급여는 병원마다 가격이 다르고, 환자 입장에서는 필요한 진료인지도 따지기 어렵다. 과도한 의료 서비스는 자칫 건강보험 제도의 본질을 왜곡시킬 우려가 있다는 뜻이다.

결국 문재인 케어의 성공적인 안착은 재정 확보에 달렸다. 비급여 항목의 전면 급여화, 건강보험료 인상 모두 재정의 문제에 포함한다. 적정 수가 보전 역시 마찬가지다. 다만 그 과정에서 불거질 사회적 갈등을 어떻게 최소화할 것인지가 관건이다.

그동안 의료계는 비급여 항목을 자율적으로 결정했다. 앞으로는 급여화 변경에 따라 공적 통제와 수입 감소를 감당해야 할 것으로 보인다.

또 의료계와의 협상은 필수이다. 여론에 의지한 채 의사들의 일방적 희생을 강요해선 안 되겠지만, 의료계의 과도한 요구를 받아들여 의료 왜곡이 발생하지 않게끔 하는 것도 중요하다.

또 국민 입장에서도 공감대 형성이 필요하다. 우리는 한국의 빠른 고령화와 최근 만성 질환 증가로 인해 의료비 지출은 물론 건강보험료 상승을 예상한다. 모든 국민이 세금을 더 내겠다고 하면 좋겠지만 현실은 그렇지 않다. 누군가는 더 부담한다는 불만이 생겨날 것이고 이는 계층 간, 세대 간 갈등으로 확대될 우려가 있다. 그러므로 보편적 건강보험의 안착을 위한 구성원의 대화와 타협이 필요한 시기이다.

중요한 것은 정부의 전략이다. 의료 공급과 수요를 맞추는 것은 결국 정부가 감당해야 할 일이다. 문재인 케어가 임기 5년에 그칠지, 아니면 더 확대될지는 중장기적 계획 수립과 촘촘한 실행에 달려 있다.

08

소득 1분위 감소와 양극화

📰 소득 5분위 배율

소득이나 재산을 구분할 때 '분위'라는 용어를 쓴다. 분위에는 크게 10분위와 5분위가 있다. 10분위는 전체 소득을 10%씩, 5분위는 20%씩 나눈 것이다. 1분위가 가장 낮은 소득을 가리키며 고소득일수록 숫자도 커지며, 분위 간 격차가 클수록 불평등한 사회로 본다.

2분기 소득 격차 역대 최대…5분위 배율 '5.30'

○○인포맥스, 2019.08.22

올해 2분기에 고소득층과 저소득층의 소득 격차가 역대 최대인 것으로 나타났다. 통계청이 22일 발표한 '가계동향조사(소득 부문) 결과'에 따르면 2분기 균등화 처분가능소득 5분위 배율(전국, 2인 이상)은 5.30배로 집계됐다.

| 표 20 |

구분	2019. 2/4											
	전체		1분위		2분위		3분위		4분위		5분위	
	금액	증감률	금액	증감률	금액	증감률	금액	증감률	금액	증감률	금액	증감률
처분가능 소득	2,438.4	4.2	865.7	1.9	1,639.5	4.6	2,190.1	4.7	2,902.4	5.4	4,591.4	3.3
근로소득	1,878.3	5.0	363.4	−18.5	1,251.0	12.1	1,673.0	3.5	2,392.0	12.6	3,709.4	2.0
사업소득	532.0	−1.9	231.2	23.2	312.4	−15.2	476.7	9.2	516.7	−20.4	1,122.3	4.8
재산소득	13.3	9.2	3.6	−41.2	5.2	−23.2	13.8	123.9	12.3	13.2	31.5	1.9
공적이전 소득	199.5	25.2	245.2	33.5	167.5	25.7	171.6	16.3	163.4	5.8	250.0	40.5
사적이전 소득	109.2	0.9	90.2	−7.0	70.7	−23.8	92.5	−12.2	161.5	33.6	130.7	4.5
공적이전 지출	294.2	9.0	69.7	−2.8	167.3	11.7	237.3	7.0	343.6	12.1	652.4	8.9

▲ 2019년 2/4분기 균등화 처분가능소득 5분위별 월평균 소득

(단위: 천 원, %, 전년 동분기 대비)

출처: 통계청(http://eiec.kdi.re.kr/policy/materialView.do?num=191667&topic)

표 20을 보면 5분위 배율은 하위 20%(1분위) 소득과 상위 20%(5분위) 소득을 비교하는 방식이다. 여기에서 말하는 소득은 처분가능소득으로, 세전소득을 기준으로 하면 격차는 더욱 커진다. 그럼에도 불구하고 세전소득을 기준으로 하지 않는데, 비소비 지출을 포함하면 소득 격차의 설득력이 떨어지기 때문이다.

소득은 크게 경상소득과 비경상소득으로 구분하고, 이중 경상소득은 다시 근로소득·사업소득·재산소득·이전소득으로 나뉜다. 가장 큰 비중을 차지하는 것은 역시 근로소득이다. 반대로 이전소득의 증가도 눈에 띈다. 1분위와 5분위 처분가능소득을 비교하면 5.30(4,591.4/865.7)배 차이가 난다는 것을 알 수 있다.

경제기사에서는 전반적인 소득 수준보다 소득 격차에 주목하는 경향이 있다. 그래서 소득 항목별 증감이나 중간 계층인 3~4분위의 소득 수준은 놓치는 경우가 종종 있다. 소득 수준을 꼼꼼하게 챙겨 보려면 우선 가계소득 동향 전반을 파악하는 눈부터 키워야 한다.

🗞 지니계수

지니계수^{coefficient}는 소득 분포의 불평등도를 측정하기 위한 계수로, 직관적이며 이해하기 쉬운 지표로 알려져 있다. 지니계수의 값은 0과 1 사이의 값을 갖는데, 0은 완전 평등, 1은 완전 불평등한 상태이며, 수치가 클수록 불평등이 심각한 분배 상황을 나타낸다.

그간 통계청은 가계동향조사 결과를 토대로 지니계수를 작성했는데, 몇 해 전부터 가계금융복지조사로 기준을 변경했다. 과거 지니계수가 소득 불평등 수준을 제대로 반영하지 못했다는 이유 때문이다.

고소득층 소득 반영한 '신지니계수' 나온다

○○신문, 2017.03.07.

오는 12월 국세청 소득 자료를 반영한 새로운 지니계수가 발표된다. 가계동향조사를 기반으로 하는 현재 지니계수는 올해까지만 발표되며 내년부터 '신(新)지니계수'가 정부가 발표하는 유일한 공식 지니계수가 된다.

금융 소득이 반영된 신지니계수를 적용하면 경제협력개발기구(OECD) 평균 이하였던 한국의 지니계수는 평균 이상으로 높아질 것으로 보인다. 양극화 축소 논란을 불러왔던 지니계수 논쟁이 해소될지 주목된다.

소득분배는 장기 추세를 통한 개선과 악화 파악이 중요한데, 통계청은 기존 지니계수를 더 이상 산출하지 않기로 결정해 자칫 통계 왜곡이 발생할 수 있다.

 중산층

중산층이라는 용어는 학문적으로 적립된 개념은 아니다. 절대적인 기준이 없다 보니 해석도 다양하다. 가장 널리 쓰이는 개념은 중위 소득으로, 모든 사람을 소득 기준으로 세웠을 때 가운데 있는 사람의 소득을 말한다. 중위 소득에서 50~150%는 중산층, 50% 미만은 빈곤층, 150% 초과는 상류층으로 분류한다.

| 그래프 19 |

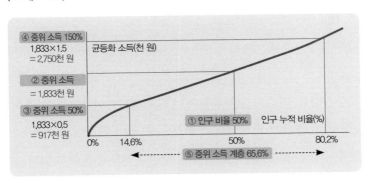

▲ 중위 소득 구분

출처 : 통계청(http://kostat.go.kr/incomeNcpi/income/income_dg/4/4/index.static)

중산층은 얼마나 될까. 먼저 **그래프 19**를 보면 중위 소득은 약 183만 원이고, 50% 수준인 92만 원부터 150%인 275만 원까지 중위 소득 계층에 속한다. 같은 원리로 92만 원에 해당하는 인구 누적 비율이 14.6%, 275만 원은 80.2%이라고 할 때 전체 인구 중 65.6%가 중산층에 해당한다.

중위 소득 비중 60% 이하⋯중산층이 쪼그라든다

○○일보, 2019.09.03

⋯(전략)⋯ 기획재정부가 2일 밤 배포한 보도 참고 자료에 따르면 올해 2분기 중위 소득 50~150% 가구 비중은 지난해 60.2%에서 1.9%포인트 떨어진 58.3%를 기록, 사상 최저 수준으로 떨어진 것으로 잠정 집계됐다. 이 비중은 ▶2015년 67.9% ▶2016년 66.2% ▶2017년 63.8% ▶2018년 60.2% ▶2019년 58.3%로 4년 연속 하락세다. ⋯(하략)⋯

중산층을 가리켜 '경제의 허리'라고 하는 이유는 중산층이 탄탄해야 경제가 안정적으로 운영될 수 있기 때문이다. 이런 중산층 감소는 계층 간 갈등과 사회 불안을 일으킬 우려가 있다.

해외에서 보는 중산층은 어떤 모습일까. 영국 옥스퍼드대학교에서 제시한 중산층의 기준은 페어플레이를 할 것, 약자를 위하고 강자에 대응할 것, 자신의 주장과 신념을 가질 것 등이다. 프랑스 조르주 퐁피두**Georges Jean Raymond Pompidou** 전 대통령은 한 분야의 스포츠나 악기를 다룰 줄 아는 것, 손님이 오면 근사하게 대접할 수 있는 것 등을 꼽았다. 모두 경제적 가치와는 거리가 멀다.

📖 지역 양극화

한국 경제의 양극화는 소득 양극화에 그치지 않는다. 지역 양극화도 심각한 수준에 이르렀다. 이를 나타내는 지표로 지역내총생산**GRDP, Gross Regional Domestic Product**을 들 수 있다. 이것은 지역별 경제를 측정하는 지표인데, 국내총생산의 동생 정도라고 생각하면 이해하기 쉽다. 시·도 단위별 경제활동에서 얼마만큼의 부가 가치가 발생했는지를 측정한다.

지역별 경제 성적표 보니…경·제·인 '맑음', 대·광·경 '흐림'

○○일보, 2018.12.21

지난해 수도권의 지역내총생산(GRDP) 비중이 전체의 절반을 넘어섰다. 제조업과 일자리가 집중된 수도권과 그렇지 않은 비(非)수도권 간의 '온도 차'가 커지는 모습이다. 21일 통계청에 따르면 2017년

16개 시도 전체 GRDP(명목·잠정)는 1,732조 원으로 1년 전보다 90조 원(5.5%) 증가했다. 2007년에는 1,043조3,000억 원이었다.

서울 공화국이라는 말이 생길 만큼 한국은 정치, 사회, 문화 등 거의 모든 것이 수도권에 집중되어 있다. 경제도 예외는 아니어서 전체 총생산 대비 수도권이 차지하는 비중은 50.3%(서울 21.5%, 경기 23.9%, 인천 4.9%)다. 제2 도시라 불리는 부산(4.8%)을 비롯해 대구(2.9%), 광주(2.0%), 대전(2.2%), 울산(4.3%)을 모두 합쳐도 서울보다 작다. 그만큼 수도권 쏠림화가 심하다는 뜻이다.

| 표 21 |

구분	지역내총생산 (명목, 조원)	경제성장률 (실질, %)	1인당 개인 소득 (만 원, 전국=100)
서울	372.1	2.0	2,143(116.2)
부산	83.3	2.0	1,833(99.4)
대구	50.8	1.5	1,757(95.2)
인천	84.1	4.0	1,755(95.1)
광주	35.4	1.6	1,734(94.0)
대전	37.3	2.0	1,845(100.0)
울산	75.1	2.9	1,991(107.9)
경기	414.3	5.9	1,858(100.7)
강원	43.7	2.9	1,658(89.9)
충북	61.3	3.4	1,703(92.3)

충남	124.4	3.3	1,761(95.5)
전북	48.6	2.3	1,685(91.3)
전남	71.2	2.1	1,594(86.4)
경북	103.0	2.3	1,650(89.5)
경남	109.0	1.5	1,686(91.4)
제주	18.0	4.9	1,746(94.7)
전국	1,731.5	3.2	1,845(100)

▲ 2017년 지역 소득 주요 지표(잠정)

출처: 통계청

경·제·인은 경기, 제주, 인천을 뜻한다. 이곳은 다른 지역에 비해 상대적으로 높은 성장률을 보인 곳이다.

대·광·경은 대구, 광주, 경남 지역으로, 세 지역 모두 1%대의 낮은 성장률을 보였다. 이렇게 성장률이 낮은 일부 지역은 장기 침체의 목소리까지 나오는 상황이다. 지역 균형 발전 측면에서도 지역 양극화를 염두에 둔 중장기적 대책 마련이 시급하다.

09

정부 개입,
어디까지가 좋을까?

📚 소상공인의 어려움

소상공인은 소기업 중 상시 근로자가 일정 기준 이하(상시 근로자 수가 5인 이하인 사업자 / 제조업, 광업, 건설업, 운수업은 10인 이하)에 해당하는 사업자를 말한다. 국내 소상공인은 2017년 기준 전체 사업체 수의 85.3%(318만 개)를 차지하며, 종사자 수는 36.8%(636만 명)에 이른다. 이들은 지역 고용 창출과 동시에 스스로의 생계를 책임진다는 점에서 한국 경제의 풀뿌리라 할 수 있다.

국내 소상공인이 겪는 어려움은 크게 세 가지이다.

① 진입 장벽이 낮아 쉽게 생기고, 쉽게 폐업한다.

② 업종 편중(도·소매업, 음식·숙박업, 운수업 등 생활형 서비스가 절반을 차지)으로 치열한 경쟁이 불가피하다.

③ 외부 환경 변화에 취약해 임대료·인건비 상승, 경기 악화 등에 무방비로 노출된다.

📖 소상공인의 부활 VS 소비자의 선택

소상공인 지원 대책을 마련해야 한다는 점에는 모두가 공감한다. 다만 방향성이 문제이다. 그동안의 정책은 재정 지원과 규제 강화 중심이었다. 전통 시장은 상권 회복이라는 명목 아래 수년째 조 단위 세금을 지원했으며, 대기업·대형 마트의 골목 상권 진입에도 제한을 두었다.

주위에 복합 쇼핑몰이나 대형 마트가 들어서는 순간 지역 경제 붕괴는 일순간이다. 그래서 정부의 보호는 적절한 조치라고 하지만, 중점은 정부의 보호를 통해 소상공인이 살아나느냐에 있다. 과거 대형 마트 의무 휴업 등의 규제 정책을 펼쳤어도 재래시장 매출은 제자리걸음이며, 오히려 소비자로부터 멀어지는 결과를 낳았다. 대표적인 예로는 제로페이를 들 수 있다.

제로페이는 소상공인의 카드 수수료 부담 완화를 위해 의욕적으로 추진한 정책이지만, 소득공제 외에는 혜택이 거의 없어 소비자에게 외면 받았다. 도입 1년이 지난 2019년 10월, 주요 경제 신문은 '결제 비중 0.01%'라는 제로페이의 성적표를 일제히 보도했다. 선의로 시작한 정책이라도 정작 소비자의 선택으로 이어지지 않는다면 탁상행정이나 주먹구구식 대응이라는 비판에서 벗어날 수 없다.

울타리가 되다

생계형 적합 업종이란 진입 장벽이 낮으며 다수의 소상공인이 영세한 사업 형태로 운영하는 것을 말한다. 이들의 경영 안정과 소득 향상을 위해 도입된 제도가 생계형 적합 업종 제도다. 장류·두부 제조업, 서점업, 자동판매기 운영업 등이 생계형 적합 업종으로 지정됐으며, 이 업종은 대기업의 사업 진출이나 확대가 당분간 금지된다. 즉 영세 소상공인의 생계유지를 위한 울타리라 할 수 있다.

생계형 적합 업종 제도 도입을 두고 찬반이 엇갈린다. 찬성하는 입장에서는 대기업의 사회적 역할과 위치를 강조한다. 소상공인은 골목 상권, 대기업은 글로벌 시장 또는 신산업에서 경쟁하면 된다는 논리이다. 반대하는 입장에서는 기업의 영업활동 제한, 외국계 기업과의 역차별 문제, 소비자의 선택권 침해 등을 지적한다.

어쨌건 이번 정책의 핵심은 소상공인이 시장 환경에 적응하고, 또 역량을 강화해 스스로 경쟁력을 갖출 수 있느냐에 달려 있다. 그렇지 않으면 온실 속 화초로 전락하고 만다. 사회 갈등은 되풀이될 것이다. 이런 일을 방지하려면 충분한 보호 기간을 보장함과 동시에 실효성을 보완할 수 있는 대책 마련이 필요하다.

먼저 소상공인에게는 단순한 자금 지원이나 컨설팅을 벗어나, 사업 노하우를 쌓을 수 있는 교육 훈련이 필요하다. 지역 상권 활성화도 빼놓을 수 없다. 지역 특성에 맞는 경관 조성과 볼거리를 갖춰야 한다. 골목길 생태계를 조성해야 한다는 뜻이다. 또 대기업과 상생하는 방안도 생각해볼 수 있다. 이마트와 경동시장 상인들이 선보인 '스타상품 프로젝트'가 대표적이다.

모두가 만족하는 정책

2018년 10월, 카카오 모빌리티의 카풀 서비스 출시를 두고 택시 노조는 반발했다. 노조는 카풀 서비스가 자신들의 생존권을 위협하며, 택시 면허도 무력화한다고 주장했다. 한편 업체는 승차 공유 서비스의 세계적 추세를 강조하며 물러설 뜻이 없음을 밝혔다.

택시업계 "타다 증차 안 돼" 집단행동 예고

○○일보, 2019.10.09

승합차 호출 서비스인 '타다'가 내년까지 차량 운행 대수를 1만 대로 늘리겠다고 발표하자 택시업계가 대규모 집회를 예고하며 거세게 반발했다. 국토교통부도 타다가 운영 근거로 삼고 있는 여객 자동차 운수 사업법 시행령 개정을 추진하겠다고 밝혔다. 렌터카로 서비스를 계속하면서 영업을 확장하겠다는 뜻을 밝힌 타다에 경고의 메시지를 준 것이다. …(하략)…

렌터카 실시간 호출 서비스인 '타다TADA'는 출시 1년 만에 이용자가 100만 명을 넘어서며 큰 관심을 모았다. 하지만 택시업계의 반발은 계속됐고, 결국 검찰이 기소하는 일까지 벌어졌다. 사태가 이 지경까지 이르게 된 이유는 무엇이며, 해결책은 있는 걸까.

먼저 이번 사태를 계기로 택시 업계가 성숙한 서비스를 제공해야 한다는 지적이 나온다. 그간 승차 거부, 난폭 운전, 교통 흐름 방해 등으로 인해 택시에 대한 소비자의 시선은 곱지 않은 편이다. 반면 타다는 그렇지 않다는 평가가 많다. 택시 업계가 생존권을 주장하는 것은 당연하지만, 최종 선택권을 갖는 소비자에 대한 서비스를 확대하고자 하는 노력이 없으면 결국

외면받는다는 논리이다.

한편 타다의 무임승차를 지적하는 의견도 있다. 택시는 엄연히 정부의 통제를 받는 운송 수단이다. 차종과 요금의 규제를 받으며, 면허에도 제한을 둔다. 그동안 택시업계는 이런 규칙을 지키며 운영해 왔다. 그런데 아무런 비용도 치르지 않은 채 혁신이라는 이름으로 경쟁한다면 과연 공정하다고 할 수 있을까. 바로 이 점이 불법 콜 영업에 가까운 비판이 나오는 이유이다.

이 과정에서 양측을 조율해야 할 정부는 그러질 못했다. 국회는 그저 표심에 따라 진영이 나뉘었고, 해당 부처인 국토교통부는 골든 타임을 놓쳤다. 모두가 만족하는 정책은 없다. 그렇다고 눈치 보기식 시간 끌기를 해서는 안 된다.

누굴 위한 정책인가, 도서 정가제

도서 정가제는 온라인 서점 확대에 따른 지역 서점 보호를 목적으로 2003년 시행했다. 지금의 제도는 2014년 개정안을 따른다. 도서 가격 할인은 정가의 최대 15%(가격 할인 10%, 추가 5%)로 제한되며, 대상도 실용서와 구간(출판한 지 18개월이 지난 도서)을 포함한 모든 도서이다. 도서 정가제는 출판사 간 출혈 경쟁과 책 가격의 거품을 막겠다는 취지였다.

도서 정가제를 현행보다 더 강화해야 한다는 입장도 있다.

그나마 도서 정가제를 도입했기에 지금의 출판 시장을 유지할 수 있었다는 뜻이다. 이들은 현행 15% 가격 할인도 없애는 이른바 '완전 도서 정가제'를 주장한다. 그밖에 공급률 표준화, 투명한 유통 구조 확립 등 출판 시장의 개선이 우선해야 한다는 의견이 있다.

"무료 웹툰 사라진다?"…도서 정가제 폐지 청원에 누리꾼 갑론을박

○○경제, 2019.10.28

출판유통심의위원회가 전자책 판매 플랫폼에 '도서 정가제' 준수를 요청한 공문이 공개되면서 도서 정가제 폐지 청원에 가속이 붙은 가운데 누리꾼들은 도서 정가제에 대해 '갑론을박'을 펼치고 있다. …

(하략)…

도서 정가제의 개선 방향은 두 가지 관점으로 접근해야 한다. 하나는 독서 인구 확대이다. 스마트폰 보급과 영상 매체의 증가로 종이책 수요는 점점 줄어드는 것이 사실이다. 단순히 도서 정가를 유지하는 것보다 어떻게 하면 책에 대한 관심을 높일 수 있는지를 고민해야 한다는 말이다.

다른 하나는 동네 서점이 경쟁력을 확보하는 것이다. 온라인 서점에서 책을 주문하면 당일 무료 배송에 10% 할인, 여기에 적립금까지 주는 마당에 동네 서점에서 책을 구입하는 사람이 몇이나 되겠는가. 그렇다고 온라인 서점의 영업을 규제하기도 쉽지 않다. 결국 동네 서점 스스로 변화해야 하는데, 최근 북 카페는 단순히 책을 사고파는 공간을 넘어 읽고 보는 공간으로 탈바꿈하고 있어 경쟁력 확보에 나선 좋은 예시라고 볼 수 있다.

10

냉정하게 따져 보는
경제정책

🗞 국책 사업의 목적을 잃다

새만금은 곡창 지대로 잘 알려진 만경평야와 김제평야를 합쳐
부르는 말이다. 새만금이라는 이름은 '만'과 '금(김)'을 따와 여
기에 '새(새로운 땅이라는 뜻)'를 붙였다. 우리에게는 전라북도
군산시와 김제시, 부안군 일대와 군산~부안을 연결하는 간척
사업으로 알려져 있다. 새만금 사업이 첫 삽을 뜬 것은 1987년
7월이다. 당시 정부는 '새만금 간척 종합개발사'를 발표했다. 이
후 1991년 방조제 착공에 들어가며 순조롭게 진행되는 것 같았
지만, 환경 파괴 논란도 있었다. 새만금 개발을 계속하느냐 중

단하느냐는 당시 중고등학교의 단골 토론 주제일 정도였다.

그러던 2001년, 새만금 매립 면허 취소 소송 사태가 벌어졌다. 전북의 숙원 사업이었던 새만금은 좌초 위기에 몰렸다. 무엇보다 공사를 진행하다 멈추다를 반복하면서 그동안 공사에 투입했던 모든 노력과 비용이 헛수고가 될 상황이었기 때문이다. 우여곡절 끝에 2006년 대법원 승소 판결이 났고, 2010년 방조제 끝물막이로 완공하게 된다. 이때 방조제 길이는 무려 33.9 km로, 세계 최장 방조제 기네스북에 등재되기도 했다.

새만금 사업이 시작될 당시 주요 개발 목적은 농지조성이었다. 하지만 시대가 변하면서 쌀 소비량은 점차 줄어들었다. 2007년 4월 발표된 새만금 토지 이용 구상안을 보면 농업용지 비율이 72%이던 것이 2008년에는 30%, 2010년에는 0%로 감소해 이제는 완공된 새만금 활용 방법을 두고 의견이 분분한 상태가 되었다.

정권이 바뀌면서 동북아 경제 중심지, 글로벌 자유 무역 중심지였던 새만금은 문재인 정부에 이르러서는 재생 에너지 클러스터가 추가됐다. 좋게 말하면 정부가 탄력적으로 대응한 것이지만 나쁘게 말하면 국책 사업의 본 목적이 불분명해진 셈이다.

성공적인 평창 동계 올림픽?

우리나라는 1988년 서울 하계 올림픽과 2018년 평창 동계 올림픽을 개최했다. 30년 만의 올림픽 개최는 쉽지 않았다. 올림픽 장소를 결정하는 것만 해도 10년이 넘게 걸렸고, 2010년 유치에 실패(캐나다 밴쿠버), 2014년에 또다시 실패(러시아 소치)하는 우여곡절도 있었다. 여기에 정치적 혼란과 남북 갈등이 불거지기도 했다.

우리나라는 평창 동계 올림픽을 성공적으로 개최했지만, 그 반대를 지적하는 목소리도 적지 않았다. 그리고 이는 시간이 지나면서 수면 위로 부상했다. 특히 비슷한 시기의 기사 제목을 보면 올림픽 성공 개최 뒤에 우려와 걱정도 적지 않았음을 알 수 있다.

- 금빛 열기 식어 버린 경기장에 숙제로 남은 '잿빛 갈등'

  – ○○신문, 2019.02.07

- 올림픽 1년 후 '애물단지'로 전락한 경기장

  – ○○○, 2019.02.09

- 평창 동계 올림픽 그 후 1년, 성공 개최 이면의 그림자

  – ○○○, 2019.02.09

과거를 들추는 것은 불편한 일이다. 특히 올림픽과 같은 국가적 사업에서는 지난 일을 이야기하는 것은 일종의 불문율이기도 하다. 성공적으로 끝났으면 그만인데, 왜 굳이 건드려 문제를 제기하냐는 것이다.

평창 동계 올림픽도 성공적인 기억만 남는다면 얼마나 좋겠는가. 하지만 평창 동계 올림픽이 끝난 후 지금의 평창은 그러지 않아 보인다.

복원이냐 존치냐

강원도 정선에 있는 가리왕산은 희귀 식물과 야생 동물이 서식하는 자연생태계가 조성된 곳이다. 그런 산을 깎아 정선 알파인 경기장을 만들었다. 경기장 건설 과정에서 5만 그루~10만 그루에 가까운 나무가 잘려 나갔다고 하는데, 올림픽의 성공적 개최를 떠나 산림이 훼손된 것 자체는 분명한 사실이다. 산림을 훼손하는 것이 최선의 방법이었을까.

1997년 동계 유니버시아드 대회 개최 경험이 있던 전북 무주는 무주 리조트 활강 경기장 사용을 제안했고, 일본 나가노, 심지어 북한도 후보지로 떠올랐다. 하지만 분산 개최에 따르는 불편함이 커서였는지 결국 가리왕산 개발로 결정된다.

강원도는 당초 복원을 약속하며 개발 허가를 받았다. 그런데 올림픽이 끝나자 강원도는 태도를 바꿔 곤돌라와 관리용 도로 존치를 포함한 '가리왕산 생태 복원 기본 계획안(2018.12)'을 산림청에 제출했다. 전면 복원 의지가 없다고 판단한 산림청은 '정선군 북평면 일대 가리왕산 국유림의 사용 허가 기간이 끝났음'을 근거로 복원 명령을 통보했다. 이제 가리왕산은 완전 복원을 주장하는 산림청과 올림픽 일부 시설을 존치해야 한다는 지역 간 갈등으로 번지고 있다.

지금까지의 개발 과정과 논리만 보면 복원하는 것이 맞다. 하지만 수년간 올림픽 유치만을 준비한 지역 입장도 무시할 수 없는 것이 현실이다.

평창 올림픽 주요 시설 국가 문헌 보존관·동계 훈련 센터 탈바꿈

○○일보, 2019.03.04

…(전략)… 이번 협약에 따라 국제방송센터(IBC)와 동계 조직위 주 사무소가 각각 국가 문헌 보존관과 동계 훈련 센터로 활용된다. 국립 중앙도서관과 대한체육회는 시설 리모델링 등 건립을 추진하고 강원도는 강원도개발공사와 협의를 통한 부지 제공, 조직위는 건물 제공의 역할을 맡는다. 당초 철거 예정이던 국제방송센터와 조직위 주사무소가 사후 활용됨에 따라 1,063억의 직접적인 경제적 효과와 함께 인구 유입, 고용 창출 등 지역 경제 활성화에도 크게 기여할 것으로 기대된다. …(하략)…

논란 끝에 2019년 3월 정부는 올림픽 시설 일부 활용 계획을 밝혔다. 다만 논란의 핵심인 가리왕산 복원 문제는 여전히 평행선을 달리고 있다.

위 기사에서 밑줄 그은 부분을 읽어 보면, 복잡하게 엉킨 실타래를 하나씩 풀다 보면 최종 타결에 이를 것이라는 점을 말한다.

올림픽은 국제적인 행사임이 분명하다. 또 올림픽 유치는 나라뿐 아니라 도시나 지역 입장에서도 치적이다. 그러나 좋은 점만 생각하기 전에 그 후의 활용 방안도 중요하다.

평창이 동계 스포츠의 허브로 자리 잡고 지역 경제 발전에도 이바지한다면 더할 나위 없이 좋겠지만, 그렇다고 해서 과장된 경제 효과를 제시한다거나, 약속을 뒤바꾸는 것은 옳지 않다.

시간이 지날수록 부담해야 할 짐만 늘어나니 잘못된 정책은 지금이라도 바로잡자.

제6장

국제 이슈

· 11 ·

G2 대립,
최종 승자는?

📰 미·중 무역분쟁

2018년 7월, 도널드 트럼프^{Donald Trump} 미 행정부는 중국산 수입품에 340억 달러 규모의 관세 부과를 전격 발표한다. 자유 무역 훼손과 세계 경제 후퇴라는 우려에도 불구하고 미국은 아랑곳하지 않으며 오히려 더 큰 카드(추가 관세 폭탄)도 꺼낼 수 있음을 내비쳤다. 그러자 중국은 곧바로 응수했다. 미국산 수입품에 똑같이 340억 달러 규모로 보복 관세를 부과한 것이다. 대상은 미국산 농산물과 자동차에 집중됐다. 중국은 미국의 관세 부과가 WTO 규칙에 어긋난다고 비판함과 동시에 한편으로는 이번 조치가 부득이한 결정임을 강조했다. 관세 전쟁의 책임이 미국에 있다는 태도를 내비친 것이다.

중국이 이렇게 대응하자, 미국은 마치 기다리기나 한 것처럼 160억 달러와 2,000억 달러 규모의 추가 관세를 부과했다. 중국 역시 미국산 제품에 600억 달러 보복으로 맞받아쳤다. 미국과 같은 규모는 아니지만. 정면 대결을 피하지 않겠다는 의지를 드러낸 셈이다.

해가 지난 2019년에도 양국 분쟁은 계속됐다. 미국이 창이라면 중국은 방패 형국이다. 미국은 중국이 세계 2위 경제 대국임에도 WTO에서 개발 도상국 혜택을 받고 있다며 공격했고, 중국은 서방의 패권주의로 응수했다. 결국 미국이 중국을 환율 조작국으로 지정하면서 양측의 갈등은 통화 전쟁으로까지 치닫는 모양새였는데, 다행히 2020년 들어 1단계 무역 합의가 이뤄졌다. 이를 지켜보던 한국도 한숨 돌리게 됐다.

핵심은 패권 다툼

2016년 대선 당시 'MAKE AMERICA GREAT AGAIN(다시 미국을 위대하게)'을 전면에 내세웠던 트럼프의 정치 철학은 '미국 우선주의'로 요약할 수 있다. 그런 입장에서 볼 때 미국의 만성적인 대중국 무역 적자는 분명 미국의 이익에 배치된다. 이번 무역분쟁은 중국의 지식 재산권 침해, 환율 조작 의혹, 기술력 갈취 등의 불공정 행위를 바로 잡겠다는 트럼프의 강한 의지로 볼 수 있다.

그렇다고 국제 경제가 트럼프의 뜻대로 움직이는 것은 아니다. 미·중 무역분쟁의 부작용을 그가 모를 리 없다. 미국도 중국의 관세 부과에 피해를 입는 상황이며, 미국 내부에서도 비판의 목소리가 나오고 있다. 무역분쟁의 부작용을 알면서도 강대 강(强對强)으로 치닫는 이유는 무엇일까. 바로 미·중의 패권 다툼이다.

무역·환율에서 안보 분야까지…'미·중 전쟁' 전방위로 전선 확대

○○뉴스, 2019.08.07

미국이 중국을 환율 조작국으로 전격적으로 지정, 미·중 간 무역 전쟁이 환율 전쟁으로 비화한 가운데 미국의 중거리 미사일 배치 문제를 놓고도 양측간 갈등이 격화되고 있다. 미국이 러시아와의 중거리핵전력(INF) 조약 탈퇴 후 지상 발사형 중거리 미사일의 아시아 배치 문제를 공개적으로 거론하고 중국이 강력히 반발하는 등 군비 경쟁 본격화 조짐 속에 미·중 간 동북아 패권 경쟁이 불붙은 모양새이다. 동북아에서의 미·중 간 신(新) 군비 경쟁은 이 지역의 안보 지형과도 직결되는 사안으로, G2(주요 2개국)의 '전쟁'이 무역에서 안보로까지 전선을 확대하며 전방위로 확대되는 양상이다. …(하략)…

경제 논리에서는 이해득실을 따진다. 적절한 수준에서 협상과 조정이 이뤄지기 때문에, 패자도 나름의 이득을 본다. 그러나 패권 논리에는 승자와 패자만 있다. 한쪽이 완전히 백기를들 때까지 승부는 끝나지 않는다. 트럼프가 아닌 다른 누가 대통령이 되더라도 미·중 간 다툼은 피할 수 없다는 의미와 같다.

📰 미·중 제대로 보기

최근 한국 경제의 가장 큰 대외 리스크는 단연 미·중 무역분쟁이며, 이 분쟁은 당분간 계속될 것으로 전망된다. 그만큼 미국과 중국이 우리 경제에 미치는 영향은 절대적이다.

우리는 미국과 중국에 대해 얼마나 알고 있을까? 중국은 급속한 경제 발전으로 우리나라 턱 밑까지 치고 올라온 상태여서두 국가의 경제 상황을 냉정히 짚어보는 것이 이번 사태에 대응하는 첫 단계라 할 수 있다.

먼저 미국을 알아보자. 2008년 서브프라임 모기지 사태와 리먼 브라더스Lehman Brothers, 1850년에 설립된, 다각화된 국제 금융 회사 이름 파산이 이어지면서 미국은 '금융위기의 진원지'라는 오명을 썼다.이를 타개하기 위해 양적 완화, 금융 개혁 등의 긴급 처방에 나서기도 했다.

미국 버락 오바마Barack Obama 대통령에 이어 취임한 트럼프는 NAFTA 재협상, TPP 탈퇴 등 강경책을 내세우며 우리에게 FTA 재협상은 물론 주한미군 분담금을 노골적으로 요구했다. 국제적으로 비난받아도 미국 경제지표가 개선되면서 골디락스 **goldilock, 경제성장률은 높지만, 물가 상승 압력이 적은 상태로 뜨겁지도 차갑지도 않은 호황 상태**라는 용어가 유행하기도 했다.

중국은 어떨까. 과거 기회의 땅이라 불리던 중국은 이제 세계의 공장이 됐다. 저가 품질을 상징하던 'Made in China'는 이제 가성비로 평가받는다. 또 화웨이, 알리바바, 샤오미는 이미 세계적으로 익숙한 브랜드가 되었다. 〈포천**FORTUNE**〉이 발표하는 글로벌 500대 기업 중 중국이 119개나 있다. 그 외 중국 위안화가 SDR에 편입됐으며, 미국 중심의 국제 금융 질서에 대항한 AIIB**Asian Infrastructure Investment Bank, 아시아인프라투자은행**가 설립됐다.

그렇다고 장밋빛 전망만 있는 건 아니다. 중국의 임금 수준이 오르면서 생산 입지로의 경쟁력이 약해지고 있어 경제 체질 개선이 필요한 상황이다. 또 위안화가 국제 무역의 결제 수단으로 자리 잡으려면 중국의 금융시장 개방이 뒤따라야 하는데, 여전히 미흡하다. 게다가 최근 홍콩 사태와 자치구 독립 등 경제 외적인 부분도 풀어야 할 숙제로 남아 있다.

📖 전망과 대응

미·중 무역분쟁이 장기화되면서 세계 경제 전망도 점차 나빠지고 있다. IMF가 발표한 '2019 세계 경제성장률 전망치'는 3%인데, 이는 세계금융위기가 있었던 2009년 이후 가장 낮은 수준이다. 세계은행도 세계 경제성장률이 2.6%에 미치지 못할 것으로 내다봤다.

다행히 2019년 6월 일본에서 열린 G20 정상회의에서 양국은 추가 관세 잠정 중단과 무역 협상 재개에 합의하며 숨 고르기에 들어갔다. 하지만 근본적인 해결로 보는 시각은 적다. 설령 미·중 무역분쟁이 극적인 타결을 이룬다고 하더라도 과제는 남아 있다. 세계 무역의 큰 원리보다 강대국 사이에 힘의 원리가 현실 경제를 지배하고 있음을 보여줬기 때문이다. 이제 한국은 누구와 손을 잡아야 할까?

미국은 지난 한 세기 넘게 패권국의 자리를 내준 적이 없다. 소련은 붕괴됐으며, 일본은 장기 불황에 허덕이고, EU는 브렉시트Brexit, 영국Britain과 탈퇴Exit의 합성어로, 영국의 탈퇴를 뜻함 속에 혼란을 겪고 있다. 이번 미·중 패권 다툼도 해석이 분분하나, 결국 미국이 승리할 것이라는 의견이 많다.

그렇다고 섣불리 미국의 손을 잡을 수 없는 상황이다. 중국은 우리의 제1 교역국으로 수출과 수입 모두 절대적이어서 중국과의 관계 악화는 치명적이다. 마늘 파동(2000년)과 사드 사태(2016년)를 떠올려 보면 중국과의 현실적 관계를 무시할 수 없다.

결국 한국은 미·중 갈등을 예의 주시하면서 전략적 유연함을 갖추는 태도가 가장 중요하다고 볼 수 있겠다.

언젠가 우리는 외교나 안보를 고려했을 때 최후에는 어느 편에 설 것인지 결정해야 할 날이 올지 모른다. 하지만 현재는 대외 경제 리스크를 줄일 수 있는 무역 구조 다변화와 동시에 중국의 거센 추격을 따돌리기 위한 투자 확대에 힘을 쏟아야 할 것이다.

· 12 ·

브렉시트가
뭐야?

📰 유럽을 알아야 브렉시트가 보인다

2008년 9월, 미국의 4대 투자 은행이라 불리던 리먼 브라더스가 파산했다. 원인은 서브프라임 모기지 사태 때문이었다. 모기지 사태는 미국의 금리 인상에 따른 대출금 회수가 어려워져 금융 기관의 부실화로 이어져 발생했다.

미국은 2000년대 초반 경기 악화에 따른 부양책으로 금리를 인하했다가 다시 정상화한 것으로, 금리를 인하하니 많은 곳에서 대출을 받았고, 금리를 인상하니 대출받은 곳들이 자금을 갚지 못해 도미노처럼 줄줄이 도산과 파산으로 이어질 수밖에 없었다.

브렉시트도 마찬가지다. 영국은 지난 2016년 국민 투표를 통해 EU 탈퇴를 결정했다. EU를 탈퇴하는 것은 단순한 경제 공동체 이탈이 아닌, 안보, 외교 등 유럽 대륙 차원의 규율에서 벗어난다는 의미이다.

하지만 혼란만 거듭하다 영국이 EU에 가입한 지 47년 만에 탈퇴하게 되었다. 그 이유는 어디에 있을까. 브렉시트의 원인과 전망을 제대로 이해하려면 영국과 북아일랜드 그리고 유럽 연합과의 관계 전반을 짚어봐야 한다.

영국이 EU 탈퇴를 시도한 것은 이번이 처음은 아니다. 1975년 당시 EU 탈퇴 국민 투표를 했는데, 그때는 잔류로 결정됐다. 이후에도 크고 작은 유럽 통합 반대 목소리는 불거져 나왔다. 2008년 유럽 재정위기는 여론 악화의 결정타가 되었다. 영국은 그리스, 이탈리아 등 어려움에 처한 국가를 위한 분담금을 내야 했다. 분담금은 각국의 경제 수준에 따라 달라지는데, 영국은 독일 다음으로 많은 분담금을 냈다.

이민자와 난민 문제도 브렉시트를 부추겼다. 영국 입장에서 이민자가 자신들의 일자리를 빼앗아 간다고 생각했기 때문이다. 그래서 영국 사람들 사이에서 "우리 돈으로 난민을 먹여 살린다"라는 정치적 구호가 퍼져 나갔다. 그 외에 영국의 금융·무역에 EU 규제가 계속되면서 '하나의 유럽'에 대한 영국인들의 마음도 조금씩 변할 수밖에 없었다. EU 규제와 여러 요인들이 더해져 영국 사람들의 마음이 변할 수밖에 없는 것은 당연한 순서였다. 그러다 2020년 1월 30일, 영국을 제외한 EU 27개 회원국이 영국의 EU 탈퇴를 최종 승인하게 되었다. 1973년에 유럽경제공동체에 가입한 영국은 47년 만에 EU를 탈퇴하는 첫 회원국이 된 것이다.

📚 브렉시트 투표가 가결되기까지

브렉시트의 시작은 영국의 정치 구도와 맞물려 있다. 영국 총리를 지냈던 보수당 출신의 데이비드 캐머런^{David Cameron}은 유럽연합 체제에 대한 당의 반감이 심각함을 느낀다. 그는 조만간 브렉시트 찬반을 투표에 부치겠다고 발표한다. 반대파의 불만을 잠재움과 동시에 2015년 총선을 준비하겠다는 뜻에서였다.

캐머런은 보수당 출신임에도 불구하고 EU 잔류 입장을 고수했다. 브렉시트를 무기 삼아 이미 EU에서 유리한 협상을 이끌어낸 상황이었기에, 굳이 무리수를 둘 필요가 없다고 판단했다. 여기에 총선 승리가 더해졌고, 약속한 대로 그는 국민 투표를 감행했다. 아래 구호는 당시 영국의 상황을 단적으로 나타낸다.

Britain Stronger in Europe (유럽 내에서 더 강한 영국)

vs

Vote Leave (탈퇴에 투표하라!)

2016년 6월 23일, 세계는 영국의 결정에 주목했다. 결과는 전 세계를 충격에 빠트리기에 충분했다. 잔류할 것이라는 예상과 달리 찬성 51.9%, 반대 48.1%로 브렉시트가 결정됐다. 이제 EU는 거대한 소용돌이에 빠져들게 되었다.

아래는 같은 날에 보도한 기사 제목이다. 제목만 봐도 이미 영국의 브렉시트 탈퇴는 이미 EU에 충격을 주고, 한국을 비롯한 세계금융시장에도 큰 동요가 일었다.

- 영국, EU서 탈퇴 확정…세계 주식시장 대폭락
  – ○○일보, 2016.06.24.

- 영국 국민, '브렉시트' 선택…43년 만에 EU 탈퇴
  – ○○일보, 2016.06.24.

- 영국의 EU 탈퇴(브렉시트 Brexit) 현실로… – ○○일보, 2016.06.24.

🏛 험난한 탈퇴 과정

캐머런은 투표 결과에 책임지겠다며 사임의 뜻을 밝혔다. 이제 브렉시트의 공은 테리사 메이^{Theresa May} 총리에게 넘어갔다. 처음부터 메이는 브렉시트에 찬성하는 입장이었지만 유럽 연합의 필요성을 부인하지 않았고, 영국 기업들이 브렉시트에 대비할 수 있는 시간이 필요하다고 보았다. 소프트 브렉시트를 내세운 셈이다.

다음 해인 2017년 3월 29일, 메이가 이끄는 영국 정부는 EU에 브렉시트를 통보하고 협상에 들어간다. 2016년 국민 투표는 영국 내의 결과일 뿐, 그 자체가 탈퇴를 결정하진 않기 때문이다.

영국의 브렉시트는 리스본조약(소위 'EU의 헌법'으로 불리는 조약으로, EU의 탈퇴 절차를 규정함)을 따라 EU와 영국 의회 양측 모두의 승인을 받아야 한다.

1단계 협상이 타결되고, 마침내 2018년 11월 영국 정부와 EU는 브렉시트 합의안에 공식 서명한다. 브렉시트 협상을 시작한 지 1년 5개월 만이다. 이제 공은 다시 영국 의회로 넘어갔다. 의회의 승인만 받으면 브렉시트가 현실화되는 것이다.

하지만 2019년 1월, 영국 하원에서 무려 230표 차로 브렉시트 합의안이 부결된다. 메이는 기존 합의안을 대체할 '플랜 B'를 내놓지만 3월 2차 투표에서도 부결된다.

브렉시트 탈퇴 기한인 3월 29일이 얼마 남지 않은 상황에, 영국 의회에서는 정부 불신임안을 제출하는 등 오히려 메이의 리더십마저 크게 흔들리고 있었다. 메이는 EU에 브렉시트 연기를 요청하면서 스스로 총리직에서 물러난다.

세 번째 총리는 보리스 존슨^{Boris Johnson}으로 이른바 노딜 브렉시트도 감수하겠다는 입장이다. 마침내 2020년 1월 9일, 존슨 총리의 주도하에 브렉시트 법안이 영국 하원의 관문을 최종 통과하게 되었다.

📖 핵심이 된 북아일랜드

2019년 1월에 영국 의회가 부결했다는 브렉시트 합의안을 살펴보자. 크게 EU 탈퇴 협정과 미래 관계 정치선언 두 가지로 구성되는데, 주목할 것은 EU 탈퇴 협정이다.

영국은 브렉시트 시행일로부터 2020년까지 적응 기간을 두었다. EU와의 단일 시장과 관세 동맹 혜택을 누릴 수 있다는 뜻으로, 일종의 안전장치라고 보면 된다. 얼핏 합리적인 협상처럼 보이지만, 영국 내 강경파는 안전장치가 오히려 영국의 발목을 붙잡는다고 본다. 그래서 이들은 완전한 결별만이 영국의 주권을 회복할 수 있다고 주장한다.

또 북아일랜드와 아일랜드 간 영토 문제도 민감한 사안이다. 과거 아일랜드를 침공한 영국은 신교도들을 이주시켰는데, 이들은 토착민인 구교도와 갈등을 벌였다. 훗날 아일랜드가 영국으로부터 독립하지만, 북부 6개 주(앤트림**Antrim**, 런던데리 **Londonderry**, 티론**Tyrone**, 퍼매나**Fermanagh**, 아마**Armagh**, 다운**Down**)는 영국에 남게 된다. 이곳이 바로 현재의 북아일랜드이다.

아일랜드가 영국에서 독립한 후에도 신·구교들 사이 대립이 이어져 결국 '피의 일요일**1972년 영국 공수부대가 북아일랜드에서 총격해 14명이 사망함** 사건'이 발생한다.

유혈 사태가 계속되는 동안 벨파스트 협정(1998년)이 가까스로 체결되는데, 북아일랜드의 귀속 문제는 북아일랜드인의 자유의사에 맡긴다는 것이 이 협정의 골자이다. 국경이긴 하나 자유로운 통행을 보장해 갈등을 봉합한 것이다. 그런 와중에 하드 브렉시트가 통과되면 다시 장벽을 세우는 꼴이 된다. 영국이 북아일랜드를 포기하지 않고서야 실현될 수 없는 조건이다. 종합해 보면 소프트 브렉시트와 하드 브렉시트 모두 진척이 없는 상황이다.

이제 기다리는 것은 노딜 브렉시트**No Deal Brexit**인데, 이 말은 영국이 EU와 아무런 합의 없이 당장 탈퇴하는 것을 말한다. 경제뿐 아니라 모든 부문에서 EU와의 교류가 일순간에 끊어지게 되므로 영국 입장에서도 결코 좋은 선택은 아니다.

영국 의회도 하원의 과반 지지를 받을 수 있는 여러 방안(관세 동맹 잔류, 노르웨이식 모델 채택, 브렉시트 취소 투표)을 모색했는데, 이 또한 답을 찾지 못하는 상황이다. 결국 어떤 타협안이 나오더라도 영국의 정치적 분열과 혼란은 계속될 것이라는 전망이 지배적이다.

· 13 ·

일본
수출 규제

📰 노 재팬^{No Japan} 운동의 효과

2019년 6월, 일본 오사카에서 G20 정상회의가 개최됐다. 개최국인 일본을 비롯한 각국은 공동성명 오사카 선언을 내놓았다. 요지는 '열린 시장을 만들기 위해 자유롭고 공정하며 무차별적이고 투명성 있는 무역 환경 실현을 위해 노력한다'는 것으로, 미·중 무역분쟁이 심화되던 상황에서 자유 무역의 중요성을 강조했다는 의미가 있다.

　그로부터 불과 이틀이 지난 7월 1일, 일본 정부는 반도체 소재 등 3개 품목의 한국 수출 규제 조치를 발표한다. 겉으로는 양국 간 신뢰 관계 훼손을 언급했지만, 속내는 과거 강제 노역 배상 판결에 따른 보복 조치라는 해석이다. 한국 정부는 이번 조치가 WTO 규범을 위반한 행위로 보고 단호히 대처하겠다는 뜻을 밝히며, 한·일 군사 정보 보호 협정인 지소미아[GSOMIA] 종료를 내비쳤다.

그러자 이번 조치가 한국 경제에 심각한 타격을 줄 것이라는 전망이 나오기 시작했다. 그럼에도 불구하고 우리 국민은 크게 동요하지 않았다. 일본의 수출 규제가 한국의 주력 품목인 반도체를 정조준한 것을 두고 '눈에는 눈, 이에는 이'처럼 우리에게 경제적 타격을 주면 우리도 갚아 주겠다는 뜻을 분명히 밝혔다. 실제로도 일본에 가지도 말고 사지도 말자는 'No Japan'이 전국으로 확산되어 일본 주류나 자동차, 옷, 신발, 여행 등은 급격하게 매출이 떨어졌다. 심지어 그간 일본 여행 상품의 큰 손이었던 우리나라 사람들은 수수료를 내면서도 여행을 취소하는 등 개개인의 힘을 합쳐 일본 경제에 큰 충격을 주었다. 여기에서 그치지 않고 기업은 탈일본화를 시작했다. 큰 피해가 예상됐던 삼성전자는 반도체 생산 공정에 들어가는 일본산 소재를 국내산이나 유럽, 미국 등 제3국 소재로 교체하기로 했으며, SK하이닉스와 LG도 국내산 불화수소를 투입했다. 반일을 떠나, 수출 규제 조치가 반복될 수 있다는 불확실성이 가장 큰 이유였다.

- 日 수출 규제 100일…정부, 민관 합동 소재 부품·장비 경쟁력 위
  가동   − ○○뉴스, 2019.10.06
- 日 수출 규제 100일 "큰 영향 없었다"…양자 협의 착수
                                − ○○○, 2019.10.11
- [日 수출 규제 100일] 부품 소재 약소국 '민낯' 드러난 한국 경제
                                − ○○일보, 2019.10.11
- 수출 규제 100일, 일본 손실이 더 컸지만…장기화 우려
                                − ○○○, 2019.10.11

석 달이 지난 10월, '수출 규제 100일'이라는 제목의 기사들이 보도되기 시작했다. 아직까지 한국 경제에 미친 영향은 적고, 오히려 일본이 피해가 더 크다는 해석이 나온다. 반면 수출 규제 효과가 아직 드러나지 않았을 뿐 장기적으로 한국이 입게 될 피해가 더 클 것이라는 해석도 있다. 이 점은 앞으로 꾸준히 지켜볼 대목이다.

가마우지 경제에서 펠리컨 경제로

'전후방 산업'이라는 용어가 있다. 전체 생산 과정에서 소비자

에 가까우면 전방, 소재 개발에 가까우면 후방이다. 자동차를 예로 들면 자동차 정비·판매는 전방에 속하며, 제철·부품은 후방에 해당한다. 글로벌 경제에서는 국가별 전·후방이 촘촘히 짜여 있어 어느 한 단계에서 문제가 생기면 생산에 차질을 준다.

같은 관점에서 한국 경제를 가마우지 경제에 빗댄다. 가마우지의 목 아래에 끈을 묶어두면 물고기를 잡아도 먹질 못하는데, 한국의 수출 완제품에 들어가는 필수 부품과 소재를 일본에 의존한 상황을 뜻한다. 실제로도 한국은 일본과의 국교 정상화(1965년) 이후 단 한 차례도 흑자를 낸 적이 없다. 수출이 많아질수록 대일 무역 적자도 확대됐다.

이번 수출 규제에 포함된 고순도 불화수소는 가마우지 경제에 처한 한국 상황을 단적으로 드러낸다. 현재 고순도 불화수소는 일본 기업이 90% 이상을 공급하고 있는데, 공급에 차질이 생길 경우 막대한 피해는 불 보듯 뻔하다. 이를 잘 아는 일본 정부가 한국과의 교섭력에서 우위를 차지하고자 수출 규제 조치를 단행했을 것이라는 관측이 나오는 것이다.

한편 한국은 이번 수출 규제 조치를 일본에 대한 일방적 의존에서 벗어나는 계기로 삼는 분위기다. 이 과정에서 펠리컨 경제로의 탈바꿈이 필요하다는 지적이 나온다. 펠리컨은 먹이를 부리 주머니에 넣어와 새끼에게 먹여 키우는데, 국내 대기업과 중소기업의 공생 환경을 조성한다는 취지다. 최근 정부가 제시한 기업 간 협력 모델 구축이 대표적이다.

그 외 한국 정부는 반도체와 디스플레이 등 6개 분야 핵심 품목 100개를 선정한 바 있다. 탈일본화에 박차를 가하고, 예산 지원에서 절차 간소화, 금융 지원 및 세제 혜택 등이 주 내용이다.

정부는 1년 내 20대 품목을 대체할 것을 목표로 삼고 있지만, 기초 산업 특성상 조기에 성과를 거두기란 쉽지 않으니 국가 지원이 단기적인 이슈에 그치지 말고 지속되어야 한다.

📰 바람직한 한·일 관계

최근 일본의 수출 규제 조치를 두고 다양한 해석이 나오고 있다. 성급했다는 지적부터 자유 무역의 큰 원칙을 위배했다는 비판과 특정 국가에 제재를 가한 것이 일본의 국제적 신뢰에 금이 가게 만들었다는 의견도 나왔다. 그러나 한·일 경제 관계를 고려할 때 결국 일본도 피해를 입을 것이라는 전망도 적지 않다.

얼마 전만 해도 국산 자동차나 TV에 일본 부품을 많이 쓴 것은 사실이다. 우리는 짧은 기간 내에 기술과 자본이 부족한 상태에서 경제성장을 이뤘지만, 막상 소재나 부품 연구에는 부진했기 때문이다. 그러다 1990년대 이르러 제품에서 일본을 추월하기 시작했고, 2000년대 이르러서는 세계 정상급에 우뚝 서게

됐다. 그럼에도 여전히 소재 부품 분야에서 일본은 한국보다 우위에 있다.

그러나 이번 사태를 발판 삼아 완전히 일본을 넘어서야 한다는 목소리도 나온다. 중요한 것은 앞으로의 한·일 관계다. 가깝고도 먼 나라인 양국의 역사적 관계를 배제하고 냉정하게 따졌을 때, 일본 경제가 상당한 규모라는 건 부정할 수 없는 사실이다. 그러므로 일본과의 관계 개선을 통해 작게는 양국 간의 이득, 크게는 한반도 평화와 동북아 경제성장을 바라봐야 할 것이다.

· 14 ·

경제 영토 확대,
신남방 · 신북방

📖 급부상하는 아세안

중국은 한국의 제1 파트너로 수출입, 관광, 교육 어느 하나 빼놓을 수 없을 정도로 친밀한 관계이다. 한국에 미치는 영향이 워낙 크다 보니 관계 유지는 필수인데, 지난 사드**THAAD, 고고도 미사일 방어 체계 사태**와 한한령**限韓令, 사드 배치에 반발해 중국 정부가 내린 한류 금지령으로 한국 연예인·화장품·영화 등 문화 사업을 제한함**을 겪으며 그 한계가 지적됐다. 그 대안으로 떠오른 곳이 아세안이다.

아세안 전체 인구는 약 6억 4천 명으로 추정하며, 거대 시장인 중국만큼은 아니지만, 새로운 시장으로의 거점 역할을 하기에 충분하다. 또 젊고 역동적이며, 빠른 성장세를 보이고, 중산층 인구가 늘어난다는 장점이 있다. 최근에는 아세안경제공동체AEC가 출범하면서 경제 통합에도 가속화하고 있다.

- 靑 "한-아세안 정상회의에서 신남방 정책 중간 결산"
  - ○○뉴스, 2019.11.20.
- 내일 한-아세안 정상회의 개막…문 대통령 '新남방 외교전' 돌입
  - ○○○, 2019.11.24.
- 제1차 한·메콩 정상회의 개최…'한강-메콩강 선언' 채택
  - ○○○, 2019.11.27.

그동안 한국은 주변국 중심의 교역에 크게 의존해 왔다. 이렇게 중심 교역에 의존하면 지리적 이점은 얻어도 갈등이 불거질 때 대안이 없다는 치명적 약점이 따른다. 또 일본과는 국민정서를 고려할 때 최근 수출 규제가 언제 반복될지 모른다. 정부가 신남방 정책을 통해 아세안 국가들과의 교류 수준을 4강국(미·중·일·러) 수준으로 끌어올리기로 한 것도 같은 이유에서다.

여전히 갈 길은 멀다. 냉정하게 규모만 따졌을 때 아세안 시장은 중국에 비할 수 없다. 그러나 꾸준한 성장에 주목해야 한

다. 2007년 한-아세안 FTA가 발효하면서 교역량은 크게 확대 됐는데 2018년 중국, 미국에 이어 수출량이 많았던 국가가 바로 베트남(8%)이다. 베트남과 인도 등은 매년 6%대 고성장을 기록 중이다. 그밖에 필리핀(2.0%), 싱가포르(1.9%)도 한국의 10대 수출국에 당당히 이름을 올렸다. 앞으로의 교역 확대가 더욱 기대되는 부분이기도 하다.

📰 당신이 알고 있는 아세안은?

동남아 9개국에 물었다…한국·중국·일본의 이미지는?

○○일보, 2018.12.17

…(전략)… 코트라는 최근 인도네시아·필리핀·베트남·태국·미얀마·말레이시아·캄보디아·라오스·싱가포르 등 아세안(ASEAN) 9개국 일반인·기업인·바이어 1,734명을 대상으로 동아시아 3개국 한국·일본·중국의 9대 소비재 산업(가전·휴대폰·자동차·의류 디자인·음악·영화·드라마·음식·식음료·화장품 및 패션용품·의약품과 의료)에 대한 이미지를 조사했다.

이들이 꼽은 한국 대표 이미지는 1위 K-Pop(14.5%)에 이어 2위는 '워커홀릭과 일 중독'(7.8%), 3위는 '인삼·홍삼'(5.5%), 4위는 김치(5.4%) 순이었다. 기업 중에서는 삼성이 9위(3.7%)를 차지했다. 중국은 '경제

성장'(9.4%)이 가장 먼저 떠오르고, 일본은 '자동차'(7.0%)를 가장 먼저 떠오르는 이미지라고 응답했다. …(하략)…

국가 간 교역에 있어 대상국에 갖는 우호적 이미지는 그 어떤 마케팅보다 효과적이다. 그런 관점에서 한국의 아세안 진출은 희망적이다. 이미 삼성, LG 등 주요 대기업은 베트남, 인도네시아 등에 생산 기지를 마련해 진출했고, 앞으로도 한국 기업의 아세안 진출은 꾸준할 것으로 예상된다.

반면 한국은 아세안에 대해 얼마나 알고 있는지도 짚어볼 필요가 있다. 우리는 아세안이라는 말보다 '동남아'라는 표현에 익숙하다. 더운 기후를 떠올리며, 국제결혼과 외국인 노동자, 관광지 정도의 인식을 벗어나지 못하고 있어 아세안과 한국 상호 윈윈하는 교류를 지속하기 어렵다.

인도네시아의 인구는 2억 6천만으로 중국과 인도, 미국에 이은 세계 4위다. 영토도 육지와 해양 면적을 합치면 500만km^2에 육박한다. 산업 인프라만 적절히 구축한다면 지리적 여건과 풍부한 노동력을 활용해 빠른 경제성장을 기대할 수 있다. 특히 한-인도네시아 CEPA**Comprehensive Economic Partnership Agreement, 포괄적 경제동반자협정 타결**도 양국 교역에 힘을 더하고 있다.

다른 아세안 국가도 빼놓을 수 없다. 도이모이**Doi Moi, 공산주의 기반의 혼합경제 목표** 정책을 내세우며 개혁 개방에 앞장선 베트남은 중국을 대신할 새로운 생산 기지로 급부상 중이다. 금융·무역의 중심지였던 싱가포르는 도시 전체가 4차 산업혁명의 본보기로 평가받는다. 그밖에 타이^{Thailand}의 푸껫^{Phuket}, 캄보디아^{Cambodia}의 앙코르와트^{Angkor Wat}, 필리핀^{Philippines}의 보라카이^{Boracay} 등 관광지로도 내세울 곳이 많다.

🗞 코끼리가 뛴다, 인도

13억의 인구, 1,000가지가 넘는 언어, 힌두교와 불교의 발상지, 세계 4대 문명 중 하나인 인더스 문명을 꽃피웠던 곳, 간디와 라마누잔의 나라, 바로 인도다. 한때 영국의 지배를 받았지만, 비폭력·불복종 저항으로 독립을 이뤄내 이제는 명실공히 강대국의 자리에 이름을 올리고 있다.

잘 알려지지 않은 사실이지만 인도는 민주주의 국가로, 선거를 통해 지도자를 선출한다. 무려 유권자 수만 9억 1만 명을 넘어서며, 선거 기간은 6주에 이른다. 투개표 인력만 1,100만 명으로 덴마크 국민 전체보다 많다. 이런 인도를 가리켜 언론은 종종 '세계 최대의 민주주의 국가'라는 표현을 쓴다.

인도 경제의 특징은 생산, 건설 등 2차 산업이 전무하다는 데 있다. 1차 산업에서 곧바로 3차 산업에 진입했기 때문이다. 제조업 강국인 한국에 인도가 관심을 갖는 이유도 바로 이것이다. 당장 도로와 항만, 철도와 같은 인프라 구축이 절실한 인도 입장에 비출 때 한국 기업의 인도 진출도 점차 확대될 것으로 기대된다.

현재 인도는 극심한 빈부 격차에 시달리고 있으며 1인당 GDP는 2,000달러에 불과하다. 물 부족 문제, 지역 갈등, 높은 실업률, 신분제의 장벽, 불안한 치안 등은 인도가 해결해야 할 과제이기도 하다. 한국은 아세안과 인도를 동등한 파트너로 인정하고 상호 협력해 나가는 것이 가장 중요하다. 무작정 중국을 대체할 소비 시장으로 접근하면 장기적인 성공을 기대하기 어렵다. 기술 협력과 문화 교류를 통해 상생의 밑바탕을 먼저 구축해야 한다.

신북방 정책

중국의 일대일로帶一路나 러시아의 신동방 정책의 공통점은 유라시아 대륙 내에서 협력을 강화함과 동시에 자국 입지를 확보하는 것에 있다. 한국도 해양과 대륙을 잇는 가교 국가의 정체성을 회복하고 동시에 북방 지역을 새로운 성장 동력으로 삼는 정책을 추진 중이다.

신북방 정책의 시작은 1990년으로 거슬러 오른다. 당시 88올림픽으로 화해 분위기를 조성하던 노태우 정부는 소련과 중국을 비롯한 여러 공산권 국가들과 수교한다. 이것은 북방으로의 진출을 알리는 첫 신호탄이 되었다. 이후 김대중·노무현 정부에서는 햇볕 정책과 함께 유라시아 대륙횡단 철도를 구상했으며, 이명박·박근혜 정부 때는 남·북·러 가스관 사업 등 물류 산업 추진을 검토했다.

보수·진보의 성향을 떠나 역대 모든 정부는 북방 진출을 통한 성장 발판을 마련하겠다는 전략을 밝힌 바 있다. 하지만 큰 성과를 거두지는 못했는데, 그 이유는 북한과의 관계 때문이다.

최근 남·북 관계가 정체된 모습이긴 하나, 언제건 대화 국면이 조성될 수 있다. 변화에 발 빠르게 대응하기 위해서라도 신북방 정책의 주요 내용을 미리 짚어볼 필요가 있다.

신북방 정책 대상은 크게 중국과 러시아, 중앙아시아 주변국으로 나눠볼 수 있다. 주변국에는 카자흐스탄과 우즈베키스탄을 비롯해 몽골이 포함되며, 넓게는 터키에 이른다. 한때 동·서양 교역의 길목 역할을 수행했던 이들은 넓은 영토와 풍부한 천연자원을 바탕으로 경제개발을 본격화하고 있다.

그러나 장밋빛 전망만 있는 것은 아니다. 가까운 중국(동북 3성), 러시아와 달리 중앙아시아는 지금껏 가본 적이 없는 길이라고 봐야 할 정도다. 언어 장벽과 열악한 산업 인프라, 사회·정치적 불안정은 여전하며, 정책의 구체성이 부족한 점도 보완 과제다.

무엇보다 남·북 관계 경색 시 해당 사업 자체가 무산될 수 있다는 문제가 상당하다. 결국 북한과의 경제 협력이 신북방 정책의 시작점인 셈이다.

남·북 관계 개선과
경제 협력

📰 뒤바뀐 경제 수준

현재 북한 경제는 어느 정도 수준일까.

지금과 달리 분단 당시에는 우리보다 북한 경제 상황이 훨씬 좋았다. 한국 전쟁을 거친 이후에도 크게 다르진 않았는데, 이는 공산권 국가의 전폭적 지지가 있었기 때문이다.

한반도 최초로 지하철 개통한 곳이 서울이 아닌 평양이라면 믿을 수 있겠는가. 컬러 TV도 북한이 먼저 도입했다. 그도 그럴 것이, 과거 일본은 북한 지역에 군수 시설을 설치했고 남한에는 별다른 산업 기반을 조성하지 않았다. 흥남비료공장, 수풍수

력발전소가 대표적인 예이다.

그러나 1980년대 이르러 북한 경제는 서서히 몰락하게 된다. 서해갑문, 평양 세계청년학생축전, 순천 비날론 공장 건설 등은 당시 북한의 대표적 실책으로 꼽힌다. 그러다 1990년대 들어 소련 등 공산권의 붕괴와 자연재해까지 겹치며 고난의 행군에 이른다.

2018년 북한의 국민 총소득은 35.9조 원 수준으로, 남한의 1/50도 미치지 못한다. 1인당 국민 총소득에서도 큰 차이는 없어 142.8만 원에 그친다. 남한 인구는 5,000만 명을 넘어서는데 북한은 그 절반을 웃돈다.

교역 규모는 더욱 차이가 많이 난다. 2018년 북한 교역량이 전년 대비 절반 수준으로 추락하면서(2017년 55.5억 달러 → 2018년 28.4억 달러) 한국의 11,400억 달러와는 무려 400배 이상 차이를 보인다.

한국은행에서 발표한 2018년 북한 경제성장률 추정 결과에 따르면 북한의 실질 국내총생산은 전년 대비 4.1% 감소했다. 문제는 이러한 감소가 한 두 해의 일이 아니다. 그나마 2015년 마이너스를 벗어나 2016년 3.9%로 반짝 성장세를 보이다 이듬해 -3.5%로 곤두박질쳤다.

| 표 22 |

'90	'95	'00	'05	'10	'11	'12	'13	'14	'15	'16	'17	'18
−4.3	−4.4	0.4	3.8	−0.5	0.8	1.3	1.1	1.0	−1.1	3.9	−3.5	−4.1
(9.8)	(9.6)	(8.9)	(4.3)	(6.8)	(3.7)	(2.4)	(3.2)	(3.2)	(2.8)	(2.9)	(3.2)	(2.7)

▲ **북한 경제성장률 추이**(전년 대비 증감률, %),

( ) 안은 우리나라 경제성장률(2000년 이전은 2010년 기준년 기준)

출처: 한국은행

(https://www.bok.or.kr/portal/bbs/P0000559/view.do?nttId =10052998& menuNo=200690)

북한의 산업 구조도 살펴볼 필요가 있다. 먼저 농림어업 비중을 따져보면 남한은 2% 미만인데, 북한은 무려 20%를 웃돈다. 또 서비스업 규모가 절반 이상인 남한에 비해 북한은 여전히 1/3 수준으로, 산업 구조나 규모 모두 북한과의 격차가 많이 벌어진 상태이다.

개성공단

황해북도 개성특급시에 소재한 개성공단은 햇볕 정책의 결과이자 남·북 경제 협력의 대표 사례로 알려졌다. 개성공단은 2000년 착공을 시작해 2005년 업체의 입주가 시작됐다. 이곳은 남한 기술력과 북한 노동력이 결합한 구조로, 섬유·봉제, 가죽, 신발 등 노동집약적 업종이 주를 이룬다.

개성공단은 남북의 갈등 사이에서 아슬아슬하게 운영해 왔다. 2013년 북한의 통제에 철수했다가 재개 합의가 이뤄지면서 정상 가동되었지만, 2016년 북한의 핵 실험과 광명성호**2016년 2월 7일에 북한이 쏘아 올린 장거리 로켓 이름** 도발에 따라 가동을 중단하고 지금껏 재개의 움직임이 없다.

김정은 국무위원장은 2019년 신년사에서 개성공단 재개와 금강산 관광을 언급했다. 개성공단이 폐지된 지 약 3년 만이다. 한국도 재개에 찬성하는 입장이지만 쉽게 성사될 것으로 보이진 않는다. 유엔 안보리의 대북 제재와 제재 완화를 둘러싼 북·미 입장차가 뚜렷하기 때문이다.

- 김정은 "조건·대가 없이, 개성공단·금강산 재개용의"

  – ○○○, 2019.01.01.

- 개성공단 기업 "北 김정은 개성공단 재개 확고한 의지 환영"

  – ○○뉴스, 2019.01.01.

- 개성공단 株 올 들어 50%↑ … 재가동보다 빨리 뛰네

  – ○○경제, 2019.01.16

한편 남·북 경협 관련 주가지수는 재개 기대감으로 급등했다. 개성공단의 리스크를 감안할 때 여전히 한계를 지적하는

입장도 있다. 결국 한반도 비핵화라는 큰 틀이 완성된 후 개성 공단의 전망도 구체화될 수 있을 것이다.

📖 대북 경제정책 방향은

최근 남·북 관계에 훈풍이 불면서 한반도 평화 국면에 대한 기대가 높다. 주목받는 분야는 단연 경제이다. 이미 휴전선 근방의 땅값은 들썩이고 있으며, 기업들은 저마다의 투자 전략을 세우고 있다. 그중 북한을 통한 육로 진출 관심은 압도적이다.

그동안 한국은 북한과의 대립으로 대륙 아닌 대륙국에 머물러야 했다. 하지만 북한과의 협상이 물꼬를 트면, 중국과 러시아를 넘어 유럽으로까지 육로로 갈 수 있는 길이 열린다.

북한과의 경제 협력 방향은 어떻게 추진되고 있을까? 정부는 한반도 신경제 지도 구상 및 경제 통일 구현이라는 과제를 제시했다. 한반도를 H 형태로 개발하는 것으로, 남북한 단일 시장 협력을 구축해 경제 활로를 개척하겠다는 것을 골자로 한다. 단순한 사업 협력에 그치지 않고, 한반도 단일 시장을 구축하겠다는 전략이다. 장기적으로 동북아 경제 수도가 일본이나 중국이 아닌 한반도를 내세웠다는 점에서 주목할 만하다.

📖 남·북 경협의 적절한 방향

남·북 경협의 시작으로는 대개 노태우 정부의 7·7선언을 꼽는다. 햇수로 따지면 30년이 지난 셈인데, 그동안의 결과물을 보면 경협이라는 말을 붙이기 민망할 정도이다. 개성공단과 금강산 관광이 전부이며, 이마저도 현재는 중단되거나 불투명한 상태이기 때문이다.

- 북한 경의·동해선 현대화 비용 4조여 원 추산
  - ○ ○ ○, 2018.05.01
- "남북 경협은 새 성장 동력" "경제 통합 없인 비용만 떠안아"
  - ○ ○ 경제, 2019.02.14
- 남북 경협 기대감↑···"경제 효과 379조 원" VS "실제 편익 제한적"
  - ○ ○ 일보, 2019.02.27

설령 남·북 경협이 이뤄진다 한들 그것이 성과로 이어지리란 보장도 없다. 북한과 경협은커녕, 교통·전력 등 기초 인프라부터 구축해야 할 판이다. 예로, 철도 연결에만 조 단위 지출이 예상된다. 현실적으로 남한의 재정 지원이 불가피한 상황임에도 경제 효과 추산치는 기관마다 제각각이다. 또 북한의 입장이 언제 달라질지 모른다는 점도 무시할 수 없다.

　남·북 경협을 하기 전 우리가 풀어나가야 할 과제는 크게 세 가지로 요약할 수 있다.

① 국내 여론이 팽팽히 갈린다는 사실 자체를 인정하는 것에서부터 시작해야 한다.

　북한은 협력의 대상이면서 우리의 적이기도 하다. 한민족이라는 명분으로 무조건적인 대북 유화 정책은 오히려 진영 갈등과 퍼주기 논란에 봉착할 수 있다. 실리에 입각한 토론과 설득 작업이 우선돼야 한다.

② 국제사회의 지지가 필요하다.

　북한은 유엔 안보리로부터 핵 실험, 미사일 발사 등에 따른 제재를 받고 있다. 비핵화 이후에도 독재·세습 정치와 인권 탄압 등이 해결되지 않는다면 정상국 대우를 받기 어렵다.

③ 대등한 위치에서 협상해야 한다.

　우리가 북한을 도와준다는 생각이 아닌 함께 잘 살기 위해 남·북이 서로를 인정하고, 서로가 필요하다는 인식의 전환이 필요하다.

이 모든 것의 최우선 전제 조건은 비핵화이다. 여전히 난관은 많고, 갈 길은 멀다. 무턱대고 평화를 강조해서도 안 된다. 방향이 맞다 해서 그 결과가 반드시 좋을 것이란 건 착각에 불과하다. 한반도 평화와 대륙을 통한 경제 영토 확장이 앞으로의 한국 경제가 나아가야 할 방향이라는 점을 명확히 인식하고, 남·북이 장기적으로 함께 성장하는 토대 마련을 위한 정책 설계가 요구된다.

꾸준히 읽는 경제기사
: 스크랩하는 방법

🗞 스크랩의 중요성

오늘부터 경제기사를 읽겠다고 다짐한 당신. 하지만 바쁜 하루를 보내느라 당신의 다짐은 일주일을 넘기지 못한다. 경제기사를 꾸준히 읽을 수 있는 좋은 방법은 없는 걸까.

이 책의 마지막 단계로 경제기사 읽는 법이 아닌, 꾸준히 기사 읽는 법을 소개하고자 한다. 내가 관심 있는 기사를 스크랩하면 좋다. 스크랩하는 방법은 다음과 같다.

1. 스크랩할 공간을 만든다. (블로그나 SNS 등 평소 자신이 즐겨 쓰는 채널일수록 좋다.)
2. 언론사 또는 포털에 접속해 경제 카테고리의 이슈를 클릭하거나 또는 평소 관심 있게 보는 경제 용어를 검색한다.
3. 그 외 기획재정부, 한국은행, KDI, 기타 경제연구소 등 이

슈에 관련된 기관을 즐겨찾기에 추가한다.

스크랩할 때 가장 먼저 해야 할 일은 주제 선정이다.

주제는 3~5개 정도가 적당하다. 주제가 너무 적으면 경제 전반의 흐름을 파악하는 데 한계가 있고, 반대로 너무 많으면 주제별 내용이 부실해진다. 처음에는 국내 이슈 1~2개, 국외 이슈 1~2개 정도가 적당하다.

주제라고 해서 너무 거창하게 생각할 필요 없다. 경제기사 중 관심이 가는 것부터 고르면 된다. 기사 비교를 통해 최근 한국 경제에 어떤 일들이 일어나고 있으며, 그중 중요한 주제가 무엇인지 파악하는 게 중요하다.

그 외 경제지표도 주기적으로 스크랩해두면 유용하다. 매월 발표하는 실업률이나 물가지수, 국제수지가 대표적이다. 해당 지표의 움직임을 파악하는 것은 물론이거니와 숫자를 보는 감각도 기를 수 있다.

🗞 실제 스크랩은 이렇게

스크랩의 목적은 단순히 기록을 남긴다는 것에 그치지 않는다. 기사 내용을 완전히 자신의 것으로 만들었다는 의미가 담겨 있다. 그러니 기사를 읽고 난 후, 자기 생각이나 입장을 간단하게 첨부해보는 게 좋다.

스크랩할 때 아래처럼 하면 더 좋다.

① 낯선 용어가 나오면 찾아본다.

내용을 최대한 이해한 후 스크랩해야지, 그저 스크랩 자체를 목적으로 해서는 안 된다는 말이다. 검색 과정을 거쳤음에도 이해하기 어려운 기사도 있다. 이때는 스크랩 말미에 체크 표시를 해두자. 나중에 다시 읽어본다는 의미이다.

② 최소 2~3달 정도는 꾸준히 해야 한다.

분기별 발표되는 경제성장률부터 물가, 금리, 실업, 환율 등 주요 경제지표가 어디서 발표되는지(통계청, 한국은행 등), 또 언제 발표되는지(분기, 월초, 월말 등), 어떻게 경제기사로 만들어지는지 (지표의 움직임 중 어느 부분을 경제기사에서 강조했는지) 분명히 알 수 있다.

기사 스크랩 하는 것에 익숙해졌으면 이제 보도자료를 읽어볼 차례다. 만약 기획재정부 보도자료를 토대로 작성된 기사가 있다고 하자. 이때 해당 기사를 스크랩하지 않고 기획재정부 홈페이지에 접속해 보도자료를 바로 읽어보라는 뜻이다. 보도

자료는 해당 부처에서 작성한 만큼 당연히 부처의 입장이 드러나 있다. 반면 기사는 다르다. 비판할 부분은 비판하고, 인정할 부분은 인정한다. 이 과정을 통해 해당 기사가 얼마나 설득력 있게 쓰였는지 따져 볼 수 있다.

이제 책의 마지막에 이르렀다. 깊이 있게 다루지 못한 주제도 많고, 설명이 부족한 부분이 있는 것도 사실이다. 책에 대한 약간의 아쉬움이 남는 건 당연한 일이다. 이 책은 '경제기사를 어떻게 읽어야 하는가?' 하는 고민에서 출발했기 때문이다.

이제 경제기사를 펼쳐보자. 그동안 생각하지 못했던 기사의 유형, 신문의 성향, 제목의 배치까지 모든 것이 새롭게 느껴질 것이다. 부담 없이 기사를 읽고, 궁금한 것은 그때그때 찾아가면서 채우자.

끝으로 이 책이 여러분의 경제공부에 작게나마 도움이 되길 바란다.

경제시장 흐름을 읽는 눈,
경제기사 똑똑하게 읽기

초판 1쇄 발행 2020년 3월 18일

지은이 강준형
발행인 곽철식

책임편집 이소담
디자인 강수진
펴낸곳 다온북스
인쇄 영신사
출판등록 2011년 8월 18일 제311-2011-44호
주소 서울 마포구 토정로 222, 한국출판콘텐츠센터 313호
전화 02-332-4972 팩스 02-332-4872
전자우편 daonb@naver.com

ISBN 979-11-90149-29-7 03320

이 도서의 국립중앙도서관 출판예정도서목록(CIP)은 서지정보유통지원시스템
홈페이지(http://seoji.nl.go.kr)와 국가자료공동목록시스템(http://www.nl.go.kr/kolisnet)에서
이용하실 수 있습니다.(CIP제어번호: CIP2020006421)

• 다온북스는 독자 여러분의 아이디어와 원고 투고를 기다리고 있습니다.
  책으로 만들고자 하는 기획이나 원고가 있다면, 언제든 다온북스의 문을 두드려 주세요.